自尊與依戀的愛情心理學

なぜか恋愛がうまくいかない人の心理学

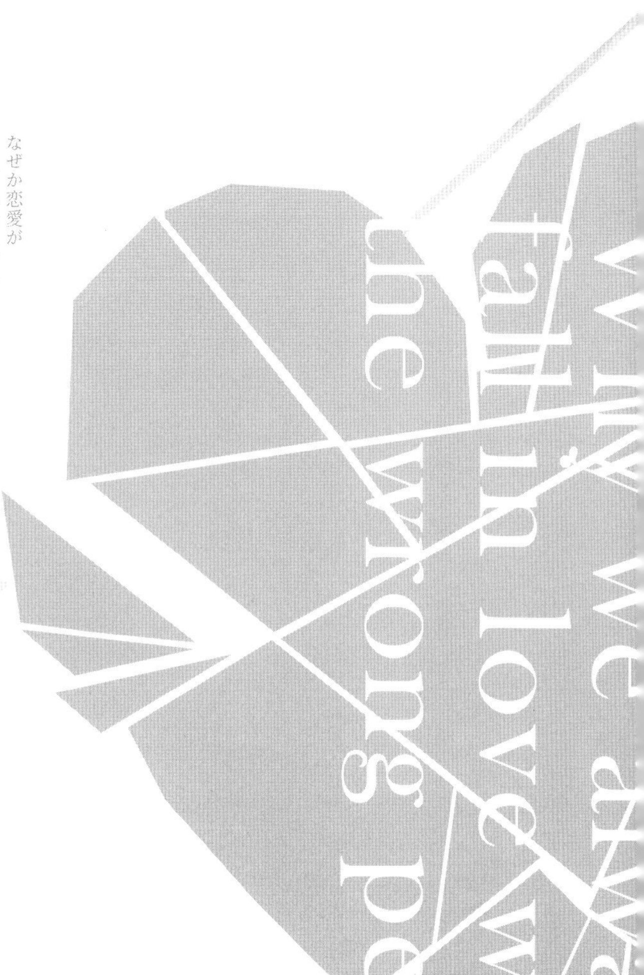

為什麼我們
總是愛上不該愛的人

日本社會學家／心理學大師
加藤諦三——著　　藍嘉楹——譯

臨床心理師　**洪仲清**
諮商心理師／作家　**黃之盈**　專業推薦

前言

戀愛和婚姻並不是通往天國的車票。有時剛好相反，反而是人生的終點。以為開往天國而誤買的車票，抵達的終點站大多是地獄。如果發現自己坐錯車，及時換車就好，但有些人卻一直沒換，就這樣坐到人生的盡頭。

雖然是先戀愛再結婚，但是對某些夫妻而言，結婚根本不是感情的開花結果，而是一場彼此怨恨的悲劇。

即使雙方已經撕破臉，彼此怨恨，卻無法分道揚鑣。或者是雖然想和對方分手，卻又分不了。簡單來說，當這種悲慘的狀況發生，表示已陷入共同依賴症。

共同依賴症和酒精成癮一樣。酒精成癮的人想戒酒，卻又戒不了。

看似修成正果的戀情，其實並沒有真正開花結果。有些戀愛便是如此。

結婚時，以為「戀愛終於開花結果」的想法，不過是自己的錯覺，而非真正開花結果。

如果只看結婚當下的一刻，看起來的確像是愛情開花結果。但實際上絕非如此。

表面上看似圓滿的愛情，在本質上並沒有開花結果。如果雙方共同依賴的情況過於強烈，婚姻遲早會出現裂痕。

戀愛並沒有想像中簡單，絕對不是「結了婚，就等於戀愛開花結果」。因為怕寂寞而談的戀愛或結的婚，都不是真正開花結果的感情。感情無法善終還算小事，更糟的是會陷入共同依賴，離不開自己討厭的人。

本書會透過這樣的實例，讓各位思考何謂「真正開花結果的戀愛」。另外也會探討該怎麼做才能讓戀情開花結果。

「儘管並非事實，但直到今天很多人還是認為愛比溫柔更重要。滿懷著期待與希望展開戀情，不一定會失敗。如果失敗了，一般人都會思考理由何在」（註1）。

不論是社會人士還是學生，只要遇到失敗，都會思索為什麼會失敗。但奇怪的是，唯有面對註定會失敗的戀情，卻從不檢討失敗的原因。

令人驚訝的是，當事者始終認為「錯在對方」。但一旦抱持著這樣的想法，戀愛將永遠沒有開花結果的一天。

戀情始終無法修成正果的人，對戀愛抱持的認知根本是錯的。

感情是否能夠圓滿幸福，建立在獨立自主、正面積極的生活態度前提之上，所以最大的問題並不是出在對方身上。感情生活是否圓滿順利，和交往對象是誰相比，自己的心態毋寧會發揮更關鍵的影響力。

依賴心強的人不論和誰談戀愛，都無法擁有長久順利的戀情。就算擁有形式上的婚姻，但婚姻的品質好壞又是另一回事。

依賴心強，感情生活不順的人，就好比明明不會滑雪，卻跑到滑雪場，還一口咬定「我之所以不會滑雪，都是滑雪場的錯」的人。

不會滑雪的人，不論去哪一個滑雪場都不會滑雪。

假設有人到商店去想買東西，卻不付錢。店家當然不可能把東西賣給他。

結果這個人大發脾氣，怒罵「這間店太過分了」。但是，不論他跑了幾間店，都不可能找到願意把東西免費賣給他的店。

滑雪能力和錢相當於一個人的自立心，也就是獨立行動的能力。屬於一種成長欲求。

從一個人內心的糾葛，可以了解戀愛關係為何會失敗。

不僅限於戀愛關係，一個人會把自己內心的糾葛表現在所有的際關係上；當想要在這段關係上解決內心的糾葛，關係就會出現裂痕。

提到「感情開花結果」，有些人馬上聯想到「可以一直在一起」。但是兩者並不一定畫下等號。

感情開花結果的類型態有好幾種。

第一是相信對方值得信賴。相信對方真的愛自己，也是感情修成正果的類型之一。把對方隨時放在自己心裡，也是一種重要的類型。另外，把對方視為心靈的寄託，也是很重要的一種類型。

「喜歡」一個人很簡單。但是要「愛」一個人就很難了。

「愛」要讓自己和對方都得到幸福。

無法放下自我執著的人做不到這一點。

對自我執著的人，無法輕易去愛自己喜歡的人。戀情能開花結果的人，都是能夠捨棄執著心的人。

失戀也好，離婚也罷，原因都源自於當事者隱藏於內心深處的心理問題。本書所要探討的即是這些不為人知的心理問題。

戀愛的挫折包含幾個要素。

1　凡是人類都會遇到的困擾。

2　雙方抱持著心理問題所造成的困擾。

3　同時符合上述兩種情況的困擾。

所謂的真愛，意即「即使遭到背叛還是信任對方的心」。

即使當初分手時，認為「我被對方背叛了」，但是兩人從失戀的經驗獲得成長，後來變得願意相信自己的伴侶。當心態出現這樣的轉變時，表示戀愛已開花結果。

即使是戀愛結婚，但是心理尚未成熟，當初的甜蜜隨著時間流逝演變成互相厭惡，但更糟的是，雙方卻無法分手。有些戀情雖然看似修成正果，卻讓人生就此走到盡頭。

經由這樣的戀愛踏入婚姻，即使一生都住在同一個屋簷下，也不是幸福圓滿的感情。

或者是分手後仍然怨恨對方。這種當然也不是修成正果的感情。

埃里希·佛洛姆曾說為了在社會上得到成功，需要耗費精力，但若要取得愛情上的成功，不需要學習，也不用耗費精力（註2）。

即使雙方分手，但若因而體會到人與人之間的差異，這段感情便算是有結果。

同樣一件事，有人體驗後受到傷害，但也有人從中獲得喜悅。失戀可以讓人透過各種意想不到的事情，了解自己與對方的差異。

透過失戀，若能刻骨銘心的體會到自己與他人的價值觀和興趣是如此天差地遠，這樣的領悟便有助於下一段戀情的開花結果。

若只是把彼此間的差異作出優劣之分，下一段戀情依然與開花結果無緣。

「資本主義社會中，可以學會獲利的方法，但學不到讓愛情成功的方法」（註3）。

本書是為了讓各位的愛情能夠開花結果的心理書。

失戀時，即使心裡備受煎熬，但卻會反問自己「為什麼這段感情會走不下去呢？」

美國有個運氣很好的人，名叫卡森，他曾寫了一本很有趣的書（註4）。想要知道如何招來好運的人，都應該讀讀這本書。

卡森這位作者認為，凡事都有理由。例如牛頓看到蘋果從樹上掉落，知道「這個現象一定有個理由」。

為了擺脫充滿痛苦的人生，我們必須隨時問自己「為什麼？」

本書目的正是告訴大家如何召喚幸運。

註

1 Erich, Fromm, *The Art of the Loving*, Harper & Row, Publishers, Inc, 1956, p. 4

2 ibid., p. 4

3 ibid., p. 4

4 Herbert N. Casson, *Thirteen Tips on Luck*, B. C. Forbes Publishing Co., N. Y., 1929

目錄

CHAPTER 4

渣男媽寶一輩子都改不了

CHAPTER 5

失戀的痛苦

CHAPTER 6

不要在戀愛中委曲求全

CHAPTER 7 建立平穩的親密關係

CHAPTER 1

人人都是戀愛白癡

壞的開始，戀愛容易破局

有些戀愛雖已開花結果，實則不然。原因出在這段感情的開始。

有位太太的情況是這樣的。「我主動追求公司的主管，兩個人交往一年半後結婚了。」但是，她現在卻為先生的婚外情所苦。

這位太太在踏入禮堂時，以為「戀愛終於開花結果」的想法只是錯覺，其實她和先生的感情並沒有修成正果。

「我先生說會和她分手，但還是繼續和她見面。」

先生的婚外情對象是先生的公司同事。

當她質問先生「你和她根本沒分手，還在交往對吧？」先生卻狡辯「我有什麼辦法？她要我送她回家啊。」

先生一再強調自己從頭到尾都沒有主動招惹對方，企圖逃避責任。

聽到我問她「為什麼妳會主動追求這種男性呢？」她開始緬懷往事：「剛開始交往的時候我剛好遇到低潮，和家裡為了很多事不愉快，所以很想離開家。他對我很好也很體貼；我跟他說想找個地方散心，結果他陪了我整整七個小時。」

總而言之，這段戀愛關係之所以以破局告終，原因源自於戀愛的開始。她當初因為怕寂寞而和現在的先生交往。因為想逃離原生家庭，所以和他交往。這兩點才是這段婚姻再也走不下去的原因。

因為，當初萌生出從家裡搬出去的念頭，表示原本她已打算要好好面對內心的問題，獨力處理心理的糾葛。

對這位太太而言，這場戀愛等於是為了解決內心煩惱而談的戀愛。這也是為什麼這段關係會出現裂痕的原因。

愛一個人的必要條件

把自己內心的煩惱或問題帶進這段關係，企圖利用這段關係來解決問題，這段關係終將有破裂的一天。這個原則不僅適用於戀愛關係，也適用於所有的人際關係。

舉例而言，有些人懷著很深的自卑感。為了提升自己的信心，被大家公認的好男性或女性，就會成為他們談戀愛的目標人選。因為他們想要藉由戀愛來消除內心的不痛快。

這位太太談戀愛是為了讓自己安心。她的戀愛動機是消除內心不安。是為了填補某方面的不足。

如果只看當下，這段戀愛看似有了美好的結果。但本質上並非如此，最後必定以失敗告終。

「不夾雜其他念頭的純粹愛情，是建設性的表現，意味著體貼、尊敬、責任、知識（註1）。」

換句話說，想法缺乏建設性的人也缺乏愛。唯有等到自己能夠活得有建設性，才表示有能力愛人。

有人說「愛一個人，就是針對某個特定對象，實現愛人的能力（註2）。」

戀愛有兩種，一種是出於彌補不足的動機的戀愛，一種是出於成長動機的戀愛。

若是無法區分兩種戀愛的差別，表示這個人看不清自己的內心。

鬧出社會事件的主角如果是「好人」，社會新聞的報導一定清一色是「為什麼一向循規蹈矩的『好人』會失控？」殊不知其實主角只是出於恐懼感才裝出「好人」的模樣。

動機是想要彌補不足的戀愛，大多對戀愛對象抱著情感依賴症。

戀愛的品質愈差，愈容易對這段關係緊咬不放

戀愛沒有那麼簡單，「結婚即為修成正果」這句話並不適用。不成熟的愛，不可能長久維持。

為了排遣無聊而談的戀愛或結的婚，都會出現裂痕。這位太太在投入這段戀愛的一開始，是出自想要排遣寂寞的念頭，而不是在理智思考下。如果她在當時建立了自己的人生目標，就不會主動追求主管。

但是她沒有目標，只覺得日子沉悶無趣。

如果在已建立人生目標的情況下開始一段戀愛，感情不會這麼容易就出現問題。而且，如果是真心喜歡對方才結婚，即使雙方最後還是走上分手這一路，她也能乾脆的放下。也不會嘗到屈辱的滋味或留下悲慘的回憶。

為了排遣寂寞而開始的戀愛和婚姻，只會陷入共同依賴。

一旦陷入共同依賴，即使對方再可恨，自己變得多麼悲慘，就是離不開對方。即使想和對方分手也分不了。

就像酒精中毒一樣。想戒也戒不掉。

這種註定失敗的戀愛就像賭博成癮的人說的「一開始只是覺得無聊才會去賭博（註3）。」

以這位太太的情況來說，她談這場戀愛的目的是解決內心的煩惱。這點也是婚姻破裂的原因。

如果她是在離開家，為了培養獨立而一個人搬出去住的時候開始這段戀愛，如同前述，這段戀愛就不會失敗了。

以專業術語來說，意即在自我同一性（Indentity，自我認同感）尚未確定之下談戀愛，就是戀愛失敗的原因。

不論和什麼樣的人談戀愛都會伴隨著各種困難。但只要確立自我認同感，對欲求不滿的耐性也會提高，能夠承受各種困難與挑戰。

在自我尚未確立的狀態下，喜歡上一個偶然遇到的對象；即使主動發動攻勢，順利和對方發展為戀人關係，但是這份關係在本質上絕對和開花結果不能畫上等號。

男女之間原本就可能因一點小事起爭執。更別說雙方的心智如果都還不成熟，容易情緒化，爭執一定更多。

心理上長不大的男性，希望找到不會要求任何事的女性。相反的，心理上長不大的女性，想找的一定是可以讓自己依賴的男性。

不管男性還是女性，都沒有意識到糾結於內心的問題。

兩人從表面看來是男女關係，但實質上並非如此。因為雙方分別在找的，其實是護士和醫生。

不過，男女雙方對自己是病人這一點都渾然不覺。

如果是病人和護士或病人和醫生的關係，說不定一直能夠維持，但換成成人的戀愛就行不通了。

當戀愛破局，男女雙方的心理又各處於什麼狀況呢。

首先探討先生的心理問題。

先生暗藏自我認同的危機，以婚外情的型態顯現出來。

其次是太太的心理問題。

她和小時候照顧她的人，可能沒有建立穩固的親密關係，以致於她只要一感到不安，就緊抓住眼前的人不放。總之，她最害怕的就是被拋棄。

所以她才會緊抓著這段婚姻不放。為了學會「不再依靠某個人也活得下去」的方法，當務之急是解決焦慮型依戀障礙的問題。

即使受到虐待或遭受背叛，為什麼仍然離不開對方

案例的主角是三十歲的太太和三十四歲的先生。

「我先生說他想要公開他和外遇對象的關係。他現在已離不開那個女性。我只要默認他們的關係，就可以保有現在的生活。他說一切就看我怎麼做了。我現在正煩惱該怎麼做。」

先生的外遇對象和他在同一間公司，二十二歲。

太太會接到她打來的電話。她直接表明不能結婚也沒關係，只要同居就好。但等到他們的關係在少數幾個人之間公開後，她又繼續打電話來。而且早上五點半也打，半夜也打，行徑變得愈來愈過火，連他們見了面之後，等到晚上我先生回家，她也會打電話。只要我一接就掛掉，打到我先生接電話為止。這種戲碼平均一個星期要上演三次。

德國心理學家卡倫·荷妮說（Karen Horney）蔑視自己的人，等於允許別人虐待自

己。這句話說得一點也沒錯。這位太太允許先生一直虐待自己。

太太並不想離婚。

先生即使回到家，太太也不和他說話。先生自然心情變得很差。如果看到對方永遠板著一張臉，心情會好才奇怪吧。

就像酒精中毒的人對酒精依賴成性，她也對他依賴成性了。

寫下名著《Power and Personality（權力與人）》的美國政治學者拉斯威爾曾說，酒精中毒是政治家的職業病。有關這點將留待後述；另外他也曾說過「一再貶低自我評價的人，會不斷仰賴酒精，將之當作萬靈丹（註4）」。

和酒精中毒的人一樣，有共同依賴症的人，也屬於「一再貶低自我評價的人」。

除此之外，案例中的太太還賦予了先生一種異常的價值觀。這也是有共同依賴症的人常出現的特徵之一。

她曾經質問先生出軌的理由。先生的回答是「妳一點女人味都沒有。我討厭看妳穿褲子」。然後再補上一句「她常穿裙子，看起來很有女人味」。因此，為了把先生的行為合理化，她搬出了「是我讓他出去外遇」這句話當作藉口。

南非心理學家諾曼．E．羅森塔爾曾說，共同依賴症的其中一個特徵是「身陷於愛的幻想（註5）」。

出自依賴和自我蔑視的心理而陷入共同依賴症，因而無法脫身的人，不知忍受了多少原本不必忍受的屈辱。

這個太太有兩個分別是九歲和七歲的孩子，她沒有信心能夠一個人撫養兩個孩子。但是，她所缺乏的自信其實並非無法獨力照顧孩子，而是恐懼自己必須在無法依靠任何人的情況下生活。

除非她自己有心擺脫共同依賴的泥淖，否則就必須一直承受這樣的屈辱。

她最害怕的是某天先生會把存在公司裡的存款提領一空，和外遇對象雙宿雙飛。

就像酒精中毒的人最怕沒酒喝，她最害怕的事情莫過於必須在沒有先生的情況下活下去。

因為害怕失去的恐懼感太強，她寧願委曲求全。她雖然說自己沒有信心能去外面工作，還是找了份兼職的工作。

沒有信心靠自己養家餬口並不是實話，她所恐懼的是得一個人生活。

所謂的繭居族，一般的定義是整天待在自已的房間，無法出社會和人群互動的族群。不過，這群人與其說是無法走進社會，從另一個角度來看，也可說是離不開現在的家庭。

一個人窩在自己房間的繭居族，陷入的是對家人依賴成性的泥淖。即使討厭家人也離不開家。最好只好繼續待在家裡，卻斷絕與家人的互動。

不單是孩子、太太、先生或家裡的任何一個人，都有可能養成強烈的依賴感，或者因自我蔑視導致陷入共同依賴症的情況。

寂寞的人，容易自欺欺人

以下再舉一個具體的例子供大家思考。

這位太太說「我覺得我先生的心好像慢慢從外遇對象那裡轉到我這裡來了」。接著再補一句「我覺得情況會愈變愈好」。

這句「我覺得情況會愈變愈好」，其實是她的心願，她應該說「我希望變得愈來愈好」。

但是她卻將之解釋為「我覺得情況會愈變愈好」，表示她把「希望變得愈來愈好」的願望外化。

所謂的「外化」是心理學用語，意思是一個人看的不是現實上的對方，而是透過對方看到自己的願望。

這位太太自認個性溫柔，其實她一直在否定他人。她沒有看到對方實際的樣子。她說「我先生在某方面來說是體貼的人」。

聽我問她「他一直做出傷害別人的事，妳為什麼還覺得他很溫柔？」，她回答我「因為雖然他一直嚷著要分手，可是還是沒把我和孩子趕出去」。

她的這句「先生很溫柔」，也是願望的外化。

也就是說，她不過只是透過先生，表達「我希望先生變得很溫柔」的願望。

說得白話一點，她看到的不是眼前實際的人，而是透過對方看到心目中理想的人。她把自己在心裡想像的事視為現實。這就是所謂的外化。

現實中的先生，個性優柔寡斷，連要分手了，也不希望和對方撕破臉，只是個沒有責任感的男性。

即使都已說出分手兩個字，他還是企圖讓對方留下自己是個好人的印象。

聽我這麼一說，她卻說出自相矛盾的話反駁我「可是我先生也對我說過：『我是個冷漠無情的人，如果妳一直和我生活下去就太可憐了』」

她認為如果先生真的是無情的人，不會產生「妳很可憐」的想法。

她的先生之所以說這句話，不過只是想在分手的時候，讓自己看起來不像壞人。講這種話是最簡單的招數，但她卻連這一點都看不透。

他不過只是想在人前裝模作樣，以達到自己的目的罷了。他還說「我沒辦法讓妳幸福，所以我們只好分開。」不論採用什麼樣的說詞，他永遠把責任推到對方頭上。

她為什麼會覺得這麼冷酷無情又沒責任感的男性「很溫柔」呢？原因有部分出於前述的外化心理，最重要的是她一直在欺騙自己。

因為她不夠理解自己的心理，所以也看不透對方的心思。

外化的心理過程，對戀愛無法開花結果而言是很重要的心理法則之一。

認為「我找到理想的對象了」就是其中一種心理。

熱情來得快也去得快的人也是。這種人在心目中早已設定好理想對象的條件，一旦把某個人視為「夢寐以求的對象」，就馬上一頭栽進去。

但是現實中不存在那樣的對象，所以熱情一下子就會冷卻。

自己的憧憬過於強烈，所以把某個人看成夢寐以求的對象。希望透過這個對象，滿足自己深深依賴對方的欲求。

這種人要找的是能夠滿足自己任性要求的人。他們要找的對象是不論自己活到幾歲，都能夠包容自己，讓自己永遠像孩子一樣，不必擔負責任的人。

他們一廂情願以為「某個人」就是能滿足自己願望的人，所以點燃了滿腔的熱情。熱情來得快也去得快的人，可能是想和小時候重視的人同化，卻失敗了。換言之，他們在心理上一直無法成長。

這些人的戀愛之所以無法開花結果，原因在於外化的心理防禦。只要對方說的話順著自己的意思，他們就會相信。所以不論男女都很容易受騙。

舉例而言，有人投資了不動產。但是土地的實際面積並沒有當初說的那麼大。他所買下的土地，其實有一部份是隔壁鄰居的。

但是他卻相信仲介商。因為相信仲介商，而認為自己擁有更多的土地。

他把自己的願望看成現實。

他不承認自己被土地仲介商欺騙，所以和鄰居發生爭執。

這個人為了滿足自己的願望而扭曲現實，也可以解釋成，他是為了滿足自己的慾望。

這就是所謂的心理外化。

因為寂寞難耐，只好讓戀愛延續下去

外化是判斷他人形象時產生的心理過程。

如果抱著「好希望他是我的救星」的願望，就會透過對方看到自己的願望。所以，對方在自己眼中，就成了「拯救我的存在」。

至於對方實際的作為並不重要，因為已經變成「理想的對象」了。

也有剛好顛倒過來的情況。對方非但不是自己的救星，反而是「難以饒恕的對象」。

這些人為了解決自己內心的糾結，所以一廂情願地把這個特質加諸在別人身上。

案例中的太太沒有發現，她只是單方面把先生認定為「溫柔的人」，然後針對這項特質做出反應。

「將『愛』用於排解孤獨的時候，唯有付出代價，讓這份愛使兩個人最終嘗到空虛的滋味，目的才能達成（註6）」。

這是多麼辛酸的代價啊。只要對方提出「分手」的要求，就緊抓著對方不放。其實，她並不是真的喜歡對方。

為了逃避寂寞而談戀愛，甚至結婚，都不是開花結果的戀愛。別說是開花結果，反而還會讓自己陷入共同依賴症，即使厭惡對方也離不開。

因為討厭婚姻生活而埋首於工作會變成工作依賴症。不僅如此，藉由某種事以達到逃避的目的，都會讓自己產生對某種事物的依賴症。

最痛苦的失戀形式

主角是一位四十三歲的已婚女性，結婚二十年了。丈夫外遇已經五年，外遇對象單身。「他大概一個星期去她那裡兩天。只要他不在家的日子，我都忍不住想像他們兩個人在做什麼」。

當太太忙著照顧體弱多病的公公時，先生卻帶著情人出門旅行。

「他希望把兩邊分得清清楚楚，而且都處理得妥妥當當」。

先生在家裡已經完全不會對外遇的事遮遮掩掩，但他在公司的形象品行端正，受人信賴。

「我沒有要離婚的打算，所以先生要去她那裡，我也只能隨他。當然，我很希望他能夠和外面的女性分手，所以為了不惹他生氣，除了不干涉他要去哪裡，他在家的時候我都表現得和顏悅色，做了很多努力」。

但是，她有時候還是會焦慮到無法控制的程度，變得吃不下也睡不著，陷入憂鬱狀態。

雖然我問她「為什麼妳不離婚呢？」，她並沒有給我明確的答案。

她只說「因為對方說我先生可以每天從她家去公司上班」。

美國知名的精神科醫師喬治・溫伯格（George Weinberg）曾說「即使是在以維持良好關係，為最優先的前提下，仍然不該委屈自己。」

換言之，採取委曲求全的作法，只會讓雙方的關係成為自己不幸的原因。

她為了維持這段婚姻而主動貶低自己。但在陷入憂鬱之後，她卻打算靠著悲憤的聲音和表情，讓周圍的人表現得符合自己的期待。

這就是依賴成癮的夫妻關係。所謂依賴成癮的戀愛關係，就是離不開已經不喜歡的人。即使怨恨對方，卻還是緊抓著不放手。

有些關係會造成兩敗俱傷，但還是放不了手。

有些情侶一見面就互相傷害。

即使如此，女方還是會主動找男方見面。見面了，又像平常一樣，用言語在彼此的痛處撒鹽，最後雙方互相受到傷害。

舉例而言，對家世抱著自卑感的女友，交往的是自覺學歷不如人的男友。女友故意在男友面前提到高學歷的男性，而男友也不甘示弱，提起家世好的女性當作反擊。

雙方沒辦法直接開口抱怨對方。這樣的人心中隱藏著怨恨。

最後，他們會變得一心希望別人得到不幸。

懷有自卑感的人，只有當對方變得不幸時才會變得溫柔。

對容貌懷有自卑感的女性和外表帥氣的男性墜入愛河。她以為自己是真心喜歡對方。

但是，她會墜入愛河的真正原因是她的自卑感。

兩人交往了一段時間分手了。失戀的打擊讓她陷入痛苦的深淵。

因為對她而言，前男友就像可以代替她、證明自己身價的存在。

這場失戀所伴隨的痛苦不單是戀愛破局，還包括價值剝奪的痛苦。而且後者的痛苦超出前者。

因為你能夠減輕我嚴重的自卑感，所以我愛上你。

有些人則是耐不了孤獨而戀愛。只要孤獨感還在，就不能沒有對方。所以，就算失望、倦怠、發生衝突，也離不開對方。就算愛情已經消失也無法放手。

這種人為了滿足自己幼稚的一面而需要對方。

舉例而言，有些人為了滿足自己的自戀而需要對方。

或者是對方能夠滿足自己的自戀，讓自己感到快樂，所以喜歡上對方。

換言之，有人喜歡上一個人，是因為得到對方的讚美或尊敬。因為自己嚴重的自卑感能夠以一種病態的方式消除，所以對對方萌生愛意。

自己如果沒有體認到這一點，人生就無法前進。

所謂的共同依賴症，就是和對方在一起時活得痛不欲生，但沒有對方又活不下去。

就像酒精中毒的人一樣，沒酒活不下去，但有酒又不能好好活著。

就算憎惡對方，卻又離不開他。

這種戀愛關係只能原地踏步，沒有進展。

等於把青春和精力耗費在錯誤的對象。

剛開始談戀愛時，兩人不會互相傷害。

但是兩個都有自卑感的人，到頭來一定會互相傷害對方。

無法接受現實，只能帶著痛苦過日子

「我一直相信一定會雨過天晴，所以才有辦法熬過一切走到今天，我現在不能放棄」。

所以就算對先生感到失望和倦怠，和他發生衝突，她也不願放棄。

她一再強調「我相信他一定會回來」。即使我告訴她說不定先生永遠不會回來，她還是堅持「我相信他一定會回來」。

其實她並不是真心相信先生會回來。她只是用「相信」來表達自己想相信的事罷了。這也是一種外化。

她對真相其實心知肚明。但是，除了「相信」以外，她已經沒有其他路可走了。她只是靠著「相信」填補幻想。

她沒有勇氣展開新生活。她下不了這個決定，因為她缺乏改變目前生活的力量。但是現狀已經讓她無法繼續忍耐，沒辦法再熬下去了。

那麼她到底該怎麼做呢。事實上，她真的一籌莫展。

她自己也很清楚，繼續保持現狀也不會出現轉機。

她表面說的「我相信他」，其實是「我真的無路可走」的悲嘆。如果有真心話翻譯機，這句「我相信他」，應該翻譯成「救救我！」

但是周圍的人卻以為她說「相信」，就以為她是真的「相信」。所以才會覺得「這位太太有點不正常」。

聽到她說「我相信我先生」的人，如果相信她說的是真心話，就會回她「傻瓜！他怎麼可能回來呢？」

接著，身邊的人會給她各種建議。

但是她其實想說的是「救救我」，並不是真的要尋求建議，所以她和身邊的人一定會產生認知上的落差。

周圍的人會離她遠去，因為「受不了她」。

她和先生相處時，也不斷被「都是我在惹事」的念頭自責。會產生這種自責的念頭，表示她的心已經生病。

她把對先生的怨恨和攻擊性轉換到自己身上。如果繼續維持這段婚姻，她總有一天會向先生復仇。

她表面上說「我真的相信他會回來」。其實心底並非真的相信。原因如同前述，是出於外化的心理。如果她真心相信，就不會一再重複說「我相信、我相信」，也不會說「我真的相信」，而是用更沉穩平靜的方式表達。

因為無法相信，才需要一再強調好讓自己相信。

她所表現出來的忍耐，絕對不是一種美德。只是單純無法接受現實的表現。只是因為過度執著於過去。她除了被動、欠缺積極性、不安，也拒絕接受現實。

我向她提議乾脆上法院打官司，然後拿一筆贍養費展開新生活，這樣不是很好嗎？結果她回答：「如果我把事情鬧大，我先生就會住在她那裡不回來了。所以我沒辦法打官司」。

她希望能恢復以往的生活步調，讓她重新找回安全感。所以，即使已經毫無挽回餘地，她還是很努力的想要挽回。

努力去挽回已經不可能有轉圜餘地的事，這種行為稱為執著性格的努力。

如同前述，從她講的話看來，表示她已經發出「救救我」的求救信號。那麼該怎麼辦呢？老實說，她已經沒有路可以走了。

除非她能夠轉變自己的心態。

走到這一步，她還有機會擁有開花結果的戀愛嗎？

如果這段感情能夠化為讓她發揮潛在能力的動力，就有可能。

不要一再說「我相信他，我相信他」，而是要努力拋開不安，往前踏出新的一步，繼續往前走。

美國第十六任總統林肯曾說「一個人的態度，決定幸福的程度」。

這位女性說就算要一輩子都待在地獄，也好過展開新生活。

但是，被「希望先生能夠回家」的願望所困，一直無法正視現實的她，最需要的就是一場和過往自己的告別式。

陷入依戀成癮，內心愈來愈糾結

如同前述，喬治·溫伯格醫師曾說「即使在以維持良好關係，為最優先的前提下，仍然不該委屈自己。」

不論是戀愛關係還是婚姻關係，當這段關係走不下去，表示原因一定出於潛藏於當事者內心的問題。

失戀和離婚，不過是反映出其背後的心理問題。

很多夫妻離婚的原因都是個性不合。但是，並不單純是因為雙方的個性不一樣而導致離婚，真正原因在於個性都不成熟的兩個人之間所產生的糾葛。

所謂的個性不合，不過是尚未成熟的情緒或心理成長受挫的一種合理化說法。

個性不合，其實是為了掩飾當事者的心理還未成熟的藉口。

不論離婚或失戀，問題不僅在於雙方目前的行為，原因也來自於背後尚未解決的心理問題，而且牽涉到的範圍相當廣泛。

如果當事者有些涉及範圍很廣的心理問題還沒解決，那麼當事者的人格便無法獲得成長，沒辦法提升到下一階段。

用性格不合等理由將心理不成熟合理化，只會阻礙這些困難無法化為成長的契機。

一個在心理上無法自立的人，對戀愛仍有熱情，但無法與對方建立親密感。

「小時候花了好幾年塑造的人格，長大後多會延續，不會有太大變化，所以一個人目前所表現的行為，並非出自現在的事態，而是來自這幾年之間所歷經的各種體驗」。

感情糾紛的原因，與其說出自於情感上的好惡，不如說是透過戀愛，表現出雙方仍未解決的心理問題。

人們遇到有關戀愛的問題，都很容易用喜歡或討厭來解釋。但這是錯誤的。

例如離不開對方的行為被解讀為還喜歡對方。其實不是愛意仍存，只是依賴心太重罷了。

雙方的心理問題是否獲得解決，是決定這段戀愛順利與否的關鍵。

就像對酒精中毒，尚未戒除酒癮的人說「你還是很愛喝酒嘛」是一樣的道理。其實，酒精中毒的人，當他陷入成癮的階段時，對酒絕對一點好感都沒有。

一直帶著強烈依賴心長大的人，一旦談了戀愛，必定會陷入依賴對方的關係。

男女之間的戀愛糾紛，可以依照人格的發展階段分成三類。

1　身為男性與女性必定會遇到的宿命性糾紛。

2　雙方抱持的心理問題所導致的糾紛。

3　兼具兩種因素的糾紛。

如果把第2和第3類也解釋為「身為男性與女性必定會遇到的宿命性糾紛」，就會採取錯誤的處理方式。

1是單純的外遇，可以馬上解決。結論只有兩種，不是分手就是重新開始。其他的糾紛就得花時間了。因為大多數的當事者都是安於現狀，不會馬上分手。企圖以戀愛關係解決內心的糾結，只會讓自己陷入情感依賴症。

如果不能理解自己內心的問題會透過戀愛表現出來，就不可能擁有開花結果的戀愛。從互相表白「我喜歡你」而開啟的戀愛，隨著時間的經過大多會發展得愈來愈成熟。即使最後走上分手之路，雙方也能夠坦然接受「這樣的結果對彼此都好」。這樣的別離意味著雙方都能往前繼續走。

即使分手，仍然稱得上是開花結果的戀愛。

陷入雙方互相怨恨，卻仍然分不開的情感依賴症，就算還住在同一個屋簷下，也不算戀愛修成正果。

年輕人的戀愛，雖然愛得濃烈，卻缺乏責任感

大家都說只要結婚，戀愛就算開花結果。但是相信大家已經從前述的案例了解，結婚絕對無法和戀愛開花結果畫上等號。

我二十幾歲的時候寫過小說。書名是《啊啊，青春》（日本秋元書房、一九六七年）。這本作品等於是以小說的型態表達我當時的人生觀。

那時候，我一直很想用小說的型態描寫友情和戀愛的心理。因為我覺得採用小說的形式，能將人的心理描寫得更加貼切。

小說的主角凡太，是個情緒不穩定，懷有自卑感的高中生。凡太這個名字，是平凡的凡和太郎的組合。

我想表達的是，即使是平凡過日子，人生仍舊會處處遇到許多困難。

透過心理學的眼光來看凡太內心的吶喊，等於解析了大家對青春時代的戀愛的刻板心理。

小說的大意是高中生凡太喜歡上一名叫做青理洋子的女性。但是，凡太因為自卑感

作祟，導致他的感情發展得並不順遂，雙方都受到傷害。凡太永遠擺脫不了自己可能被拒絕的不安。

凡太因為成績不好而備受自卑感的折磨。此外，也因為家裡藏著一個見不得人的祕密而過得戰戰兢兢。背負著許多煩惱的他，在女友面前總覺得抬不起頭。

在凡太的眼中，身為戀人的青里洋子，無論在哪個方面都無從挑剔，表現完美。就在凡太感到屈辱，而且快要被戀人拋棄時，他遇見了一位年長的女性，名叫黑沼由美。之後也被她吸引，發展為情侶關係。但是最後他還是被年長的戀人拋棄了。

《啊啊，青春》這部小說，描寫的是一個「沒有自我」的男性失戀故事。因為沒有自我，即使個性認真努力，終究被迫品嘗失戀苦果的故事。

如果「沒有自我」，即使個性認真努力，也得不到開花結果的戀愛。

以下節錄一小段《啊啊，青春》這本小說中，青里洋子寫給凡太的分手信。

「我現在覺得凡太不是我想要的人了。

我現在很誠心地向你道歉。請你相信我是真心的。

從今以後，我會把你當作朋友，用朋友的身分繼續愛你。

希望你以後還願意和我好好相處。

我希望能把我和你之間的回憶，當作一份純潔美好的青春回憶，永遠收藏在我們兩人的心底深處。

致我的初戀」。

男主角在書中嘗到了別離的滋味，如果他改變人生態度，戀愛還是有可能開花結果吧。

當然，明明是自己主動提出分手，卻說「當作一份純潔美好的青春回憶，永遠收藏在我們兩人的心底深處」。可見洋子根本完全以自我為中心，沒有顧慮別人的感受。她沒有考慮到對方的心會受傷。也沒想過收到這封信，會對凡太的內心造成怎樣的傷害。

或許主動提出分手的一方，希望自己的戀愛在第三者的眼中，能夠是看起來「美得像畫」的戀愛吧。

當然，洋子如果是真心喜歡凡太，就不會寫這封信了。

既然要分手，就分得乾淨俐落。也不要再和凡太見面，好讓凡太徹底斬斷對自己的留戀。這是女性對男性真正的愛的表現。

如果離不開凡太，一定會全心愛他，以免他離開自己。

但是，年輕時談的戀愛，不可能會去思考自己到底愛不愛對方的問題。希望年輕人成熟的戀愛，無非是強人所難。

年輕時，不論男女，心裡都帶著嚴重的糾葛矛盾，也會把這份情緒帶進戀愛。所以年輕時談的戀愛不知責任為何物。

書中還有這樣的場景。

「青里洋子回去後，凡太覺得好累好累。身心俱疲的他，覺得心情鬱悶，倒頭大睡。他醒來的時候是半夜。一股無法忍耐的孤寂和深沉的悲傷向凡太襲來。他一個人在安靜無聲的夜裡哭泣。」

凡太感受到不確定的愛。他想要的是確定的愛。因為他被戀愛耍得團團轉，已經覺得累了。

總而言之，凡太怕女性。輕蔑女性的男性，骨子裡對女性感到恐懼。被戀愛耍得團團轉而筋疲力竭的凡太，或許已經得了輕微的女性恐懼症。

但是，凡太和洋子若能從這段失敗的戀愛得到成長，這段戀愛就會開花結果。年輕時的戀愛和失戀，如果能促成雙方「從依賴轉為獨立」，不管分手了還是繼續交往，戀愛都算是開花結果。

年輕人從不成熟的戀愛，慢慢成長為能夠用成熟的態度處理感情的大人。這樣的轉變就是戀愛開花結果。

即使是戀愛結婚，如同前述的例子，如果永遠無法擺脫依賴心，陷入互相怨恨的局面，這段愛情就無法修成正果。

歷經戀愛再結婚，最後落得彼此怨恨卻離不開對方的下場，並不能算是開花結果的戀愛。

如同前述的夫妻關係，即使結了婚也不算開花結果。

前例提到的夫妻，如果太太能夠和先生離婚，一個人在深夜放聲大哭，然後擦乾眼淚，展開全新的人生旅程，這段婚姻就真的開花結果了。

無法振作起來，整天待在床上哭泣的日子或許會持續一段時間。

目前為止所舉出的例子，都是歷經戀愛再結婚，最後還是沒有真正開花結果的例子。

除非他們意識到彼此的共同依賴關係，並能夠毅然決然的走向自立，否則這段感情就與開花結果無緣了。

有情感依賴的人，隨時都想要有人陪在身邊。

所以要他們離開對方簡直是要了他們的命。如果要他們痛下決心離開對方，他們會抱著對方的照片，以淚洗面好幾天。

陷入情感依賴的人，最恐懼的是分手後的孤獨和空虛的生活。

但是，只有鼓起勇氣克服痛苦與悲傷，做出分手的選擇，才能擁有開花結果的戀愛。

一步步解決戀愛糾紛

我寫過《一個屋簷下的外人》（日本放送出版、一九九四年）這本書，以下摘錄其中一小段。

「婚姻生活不可能不會出現問題。每一段婚姻生活都各有其問題。為了得到幸福的婚姻生活，重要的是解決問題的能力。如果有人認為婚姻生活不應該出現問題，一定是精神失常。因為這個要求太過超乎常理」。

美國心理學雜誌《Psychology Today》在一九九二年一、二月合併號刊出了結婚特輯。上面寫著不論結婚了幾年，想要永遠覺得幸福是天方夜譚。

即使是成功美滿的婚姻生活也會遇到問題。但能否獲得幸福，關鍵取決於是否有能力解決問題。

前面所列舉的人物，都沒有解決問題的能力。所謂解決問題的能力，包括溝通能力和認同對方的能力。也就是能動性和積極性。

在人際關係的經營上，最重要的就是解決各種問題的能力。

靠理論無法解決婚姻生活的問題。朝著對方大喊「你應該這樣做」，對解決戀愛方面的問題毫無幫助。

就算大聲疾呼「兇手不應該殺人」，對解決殺人事件一點幫助也沒有。

即使是看在外人眼中毫無缺陷的婚姻生活，一定也隱藏著大大小小的問題。而且這些問題只有當事者雙方能夠解決。

沒有人能夠預先準備好完美的婚姻生活再結婚。而是由雙方一起解決問題，讓婚姻生活變得愈來愈好，逐漸趨向完美。

戀愛是否開花結果，和分手與否沒有關係。分手也好，一直長相廝守也罷，重點取決於雙方是否得到成長。

在前述的心理學雜誌中，卡斯洛博士（Nadine Kaslow）曾提到，為了得到令人滿意的婚姻生活，必須補充的條件為何，她的答案是雙方共同解決問題的能力。

不論是經濟問題還是外遇危機，是婆媳問題或其他問題，婚姻生活總是伴隨著各式各樣的問題。但是正因為麻煩產生，也才有機會更加了解對方。

解決問題的過程，也是雙方更加了解彼此的過程。

但是對前述提到的夫妻而言，麻煩與困難並沒有成為加深對彼此理解的過程，而是通往破滅。

最重要的是沒有解決麻煩，雙方就無法前進。即使是歷經戀愛的婚姻，也一樣不會開花結果。

前述提到的案例主角們，共通之處是遇到困難時，才露出真實面目。

當然，離婚或失戀對彼此來說都是好事。

重點在於雙方是否能夠互相理解彼此的想法，在心甘情願的情況下分道揚鑣。以及雙方在分手的過程中，是否開拓了自己的視野。

只留下雙方彼此怨恨的別離，或者即使彼此怨恨，卻還是一起生活，都屬於戀愛沒有開花結果的例子。

別離本身並非意味著戀愛沒有開花結果。只有在別離的過程中，彼此無法得到成長，才是戀愛沒有開花結果。

戀愛也好，失戀也好；結婚也好，離婚也好。

問題在於雙方對於人生是否產生了更深的體悟。是否並不因此感到絕望，而是將視之為成長的動力，繼續前進。

只要兩個人都得到成長，戀愛就算是開花結果。

美滿的婚姻生活，說穿了不過是藉由雙方共同解決一次又一次的困難，使兩人對彼此愈來愈了解，而且同時獲得成長所帶來的結果。

問題在於雙方是否為了解決問題，同時用積極正面的方式思考。積極正面的思考，有助於雙方對彼此的理解。

就算夫妻之間有一方外遇，雙方若能開誠布公的討論，說不定有助理解男女間的差異。

外遇的原因可能是雙方的認知出現落差。例如先生努力想給的並不是太太真正想要的，結果引起糾紛。

解決問題的過程，其實就是增加對彼此的了解。並為人處事上變得更加成熟。如果達到這兩點，就是戀愛開花結果。

只不過因為喜歡對方就結婚，或者自以為已經很了解對方，屬於太過天真的想法。每個人都可以不需要努力就「墜入愛河」。但是，戀愛能不能開花結果和「墜入愛河」完全是兩回事。戀愛能否開花結果，取決於當事人的努力，以及一個人對生命的態度。

人際關係的經營上，互相尊重對方固然重要，但是做起來比說起來更困難。

熬過失戀之痛，才能獲得成長

從社會層面或表面看來，本章舉的例子都是開花結果的戀愛，理由是大家都是歷經戀愛而結婚。

但是，本質上並沒有開花結果。就本質而言，這些人都面臨絕望。雙方也沒有從設法解決問題的過程中，學習到待人處事的智慧。

他們採取的都是消極的解決之道。也就是想要用最輕鬆的方式解決。正因如此，戀愛才無法開花結果。

從社會層面或表面看來，出現在本章案例的主角們，都是戀愛開花結果的狀態，但其實他們已陷入絕望。

奧地利心理學家弗蘭克（Viktor E. Frankl）曾說「成功與絕望」並不衝突。

本章所舉的例子剛好充分符合這一點。

真正稱得上是修成正果的戀愛，是即使雙方分手，仍留下美好回憶的戀愛。即使分手，但十年後回想起來仍感到愉快，表示戀愛確實開花結果了。

自己談的戀愛究竟能否真正的開花結果，取決於這段戀愛留下的是一段美好的人際關係，還是最後以怨恨告終。

即使經歷戀愛再結婚，若以怨恨告終，表示戀愛在本質上並未修成正果。

弗蘭克把只會用「成功和失敗」來思考的人，稱為「Homo faber（工作的人）」

弗蘭克曾說，生命主軸只有「成功與失敗」的人，眼中的成績以外之物，從「滿足和絕望」的立場來看，其實是身為人的偉大成績，也是最值得讚許的行動。

他把以「滿足和絕望」為生命主軸的人，稱為「Homo Patiens（受苦的人）」

弗蘭克說以層次而言，「受苦的人」優於「工作的人」。

戀愛可以開花結果，獲得幸福的人，不會對自己絕望。

表面上，即使戀愛已失敗告終，但視野卻因此擴展的人，在本質上獲得了開花結果的戀愛。

這樣的人不會凡事只從「成功和失敗」的角度思考，而是以人生的意義和價值為出發點。

戀愛在本質上能夠修成正果的人，會帶著積極的態度面對人生。

受苦的人即使面對一敗塗地的狀況，也不忘充實自己的人生，以「充足和絕望」為主軸繼續過日子（註9）。

每個人失戀都會感到痛苦。

感受到的痛苦愈強，表示這件事造成的痛苦，對人生的價值和意義也愈大。

這樣的思考方式，對凡事只會以「成功與失敗」思考的人而言，應該會覺得「這種想法真是愚蠢（註10）」。

但是，如果真的把這種想法視為愚蠢而不屑一顧，就會錯失真正的幸福。

每個人都會受傷。因為不知該如何正確處理傷口，而以錯誤的方式生活的人很多。

人一旦受到傷害，就會變得敏感脆弱。

換言之，人就會變得有防衛心，以防再次受傷。但是，防衛心只會讓自己變得更容易受傷，無法對別人敞開心門。

總之，一段戀愛如果能為當事者增加自信，就已算是開花結果。

即使是戀愛結婚，對自己沒有信心的人，也不算擁有開花結果的戀愛。

如果希望親手掌握自己的人生價值和意義，獲得幸福，雖然失戀時一樣會覺得很痛苦，但終究會熬過去。

痛苦愈大，意味著人生價值和意義也愈大。

不過，這裡指的痛苦僅限於成長的痛苦。並不包括煩惱如何報復對方的痛苦。

註

1 Erich, Fromm, *The Art of the Loving*, Harper & Row, Publishers, Inc, 1956,《愛這件事》懸田克躬譯，紀伊國屋書店，一九五九年

2 前揭書

3 Mary Heineman, *Losing Your Shirt*, Hazelden, 1992, 2001

4 Harold D. Lasswell, *Power and Personality*. W. W. Norton and Company Inc. 1948《權力與人》永井陽之助譯，創元社，一九五四年

5 Norman E. Rosenthal, M. D. *The Emotional Revolution*, CITADEL PRESS, Kensington Publishing Corp., 2002

6 Rolla Mary, *Man's Search For Himeslf*《找尋失去的自我》小野泰博譯，誠信書房，一九七〇年

7 Anxious Attachment and the Phobia of Childhood

8 《弗蘭克著作集5 精神症》霜山德爾譯、みすず書房，一九六一年

9 前揭書

10 《弗蘭克著作集6 精神醫學的形象》宮本忠雄、小田晉譯，みすず書房，一九六一年

CHAPTER 2

為什麼遇不到「理想的對象」

「熱得快也冷得快」，談戀愛總是跌跌撞撞

我曾翻譯過一本美國作家的名言集。

其中有一句這樣的話：「椅子和沙發要多試坐幾次再買（註1）」。

這句話的用意是告訴我們買東西前，要仔細思考現在想買的物品是否真有需要。

如果要購買家具，下手前必須先衡量家中的空間、放置的場地等。不僅限於家具，購買任何東西之前，首先要掌握自己的需求，才能做出合適的選擇。

人際關係也一樣。

熱得快也冷得快的人，必須特別注意。因為這類人遇到不適合的對象時，也可能勉強自己和對方交往。

這種情況就像要買沙發或椅子之前，不先試坐就直接付錢。衝動下決定之後，往往悔不當初，後悔自己不該白白浪費錢。

另一種情況是，有人看到中意的桌子就買了，但買回去之後才發現放不進房間。

前面說過「買東西前，要仔細思考現在想買的物品是否真有需要」。因為買東西的

人是「自己」。

如果買到的不是自己合用的東西，就失去買的意義。不但白白浪費了時間、金錢和勞力，也徒增不好的回憶。

情緒成熟的人，看人的第一印象大多很正確，有一定的可信度。情緒成熟的人已經擺脫了對自我的執著。所以眼中看到的是對方本身，能夠看清對方的本質。

相反的，情緒不成熟的人，看人的第一印象大多是錯的。原因很簡單，因為這類的人眼中沒有對方；他們很在意對方對自己的看法，滿腦子只想著如何讓對方對自己留下好印象。

情緒不成熟的人，內心很容易感到孤獨，所以容易被表面溫柔的人所騙。對自我過於執著，因而看不清對方的真面目。他們不在乎對方的人品，唯一關心的是對方會不會讚美自己。

因為強烈的自卑感作祟，只要一聽到讚美就樂昏頭，緊接著墜入愛河；因為自卑感很強，只要一被對方貶低就自覺深受傷害，而且產生反感。

「找到理想對象」就是基於上述的心態。大概和英雄崇拜差不多吧。

熱得快也冷得快的人也一樣。這些人已經設定了狂烈追求的對象，一旦找到可以被自己視為「理想對象」的人，就會點燃熱情。但是現實中理想對象其實並不存在，所以熱情會很快消褪。

他們只是把眼前的對象，視為心目中憧憬的對象，根本沒有看清對方實際的為人。這就是心理的外化。

所謂的外化就是把心中的想像當作現實。

自己的憧憬過於強烈，所以一廂情願地把對方當作「我的理想對象」，而忽略對方實際的模樣。

為了滿足自己強烈的依賴慾望，一心以為對方可以滿足自己的依戀心。

但是現實中不存在這樣的對象，所以熱情很快消退。

如果讓人在恐怖的情況下看過某個人的臉，接著再描述對方的印象。

大多數的人的回答是「壞人」。

當自己陷入恐懼時，別人在自己眼中看起來都像「壞人」。其實，這種想法不過是把自己的恐懼感外化在對方身上。

依戀心強的人，尋求的是能夠包容自己任性的人。他們希望能找到一個對象，能夠讓自己即使已經老大不小了，還是能過得像個不必負責任的孩子。

他們單方面以為「那個人」能給予自己想要的東西而一頭熱。

俗話說「情人眼裡出西施」。雖然他們看似喜歡對方，其實不過只是從對方這面鏡子看到自己的內心。

「沒有機會認識新對象」的真正原因

有些人已經處身在得天獨厚的環境裡，但還是處處感到不滿。

有些人永遠一臉苦瓜臉，不論對社會、學校還是職場，都有滿腹牢騷。

他們置身的環境並非他們口中宣稱的充斥著各種威脅，而是他們的心被威脅感填滿，因此覺得環境受到威脅。

換言之，他們目前面對的事情並不是威脅也不會造成壓力。但一旦內心感到威脅，外在環境就變得有威脅感了。

當心感到膽怯，世界在他們的眼中也變得可怕了。

有些神經質、自尊心強特別強的母親，會盡可能利用自己的孩子，卻宣稱「我讓孩子自由發展」。有些人明明無所不用其極的束縛孩子，只差沒有對孩子五花大綁，卻大言不慚的說「我讓孩子想做什麼就做什麼」。

這類的母親，通常認為自己是個好媽媽。事實上，她們從孩子小時候就任意使喚，等到孩子長大，更是靠著孩子賺來的錢，過著享受的生活，但是她們卻對外宣稱「我都讓孩子做自己想做的事」。

為了把自己塑造為好媽媽，她的孩子就「非得這麼做」不可了。

當然，孩子也會提出自己的主張。但這類媽媽根本無視孩子的想法，因為她們把孩子當作襯托自己的工具。

很多人都會「把事情往對自己有利的方面解釋」，其實這就是一種外化的心理。

熱得快也冷得快的人，可能在小時候想要得到重視的人認同，但是卻失敗了。

也就是說，他們尚未確立自我。

外化會成為他們看清他人缺點的障礙。同時也會成為認清他人優點的障礙。（註2）

所以，即使理想對象的機會就在身邊，他們卻錯過了。

這也是為什麼他們會一再說「沒有機會認識新對象」。但是，這樣的機會實際上並不是沒有。

他們只是因為自我的尚未確立，還不具備找到對象的能力。

容易陷入「一見鍾情式」戀愛的原因

自我毀滅型的精神病患者，需要攀附一個偉大的對象。因為他們想要藉由把自己和這個對象的認同，用來克服自己的無力感。

所以，他們必須選定一個讓自己覺得「好厲害，表現不同凡響」的對象。宗教集團的教祖也是如此；教祖的產生是為了因應成員在心理上維持自我的需求。

有些年輕人會把特定人物加以英雄化。所謂的英雄崇拜，是青春期心理不安定的表徵。

不論對象是情人、朋友、認識的人都好，都需要把對方美化為「了不起的人」。他們看的不是對方實際的模樣，而是出自心理上的需求，把對方視為理想的化身。換言之，對方是一個理想對象，自己才能從中獲益。

有些戀愛屬於一見鍾情。

當事者甚至深陷到無法自拔的地步，有些會把對方視為全世界最完美的女性，或者把男友視為全世界獨一無二的男性。

「愚蠢之愛就是一見鍾情的愛」。

一九八八年美國耶魯大學出版了一本名為《The Psychology of love（註3）》（戀愛心理學）的心理學書籍。這本書收錄了許多人的論文。

其中包括由美國心理學家羅伯特・史坦伯格（Robert J. Sternberg）所寫的論文「Triangulating Love」（愛情三因論）。上述的句子即摘自這篇論文。

作者史坦伯格說愛情具備「熱情、親密感和互動」這三個要素。

如果只有熱情，就是「愚蠢之愛」。

「愚蠢之愛」少了「親密感」。

史坦伯格口中的「愚蠢之愛」存在著幾個問題。

第一個顯而易見的問題是把對方過度理想化，眼中看不清對方實際的模樣。可說是為了自我陶醉而單方面美化對方。

因此，只有在這段「愚蠢之愛」無法完成時，才能避免幻想破滅。不過，愚蠢之愛當然不可能開花結果。

熱情會讓人慢慢習慣。一旦變得習以為常，對方就無法像往常一樣，帶給自己同樣的刺激感。

不僅限於戀愛，這個原則也適用於其他方面。就這點而言，戀愛和酒精中毒都是如此。

佛洛姆也曾在書中寫道「兩人突然變得親近是奇蹟（註4）」。他認為這只是基於性方面的吸引力。

他說這只是把瘋狂誤以為是戀愛強度的證明。這句話說得一點也沒錯。

雖然他們以為這是表示自己的愛有多深的證據，其實只證明了自己的寂寞。

「愚蠢之愛」的真實面貌

一般而言，「愚蠢之愛」會隨著時間經過，使兩人對投入熱情的方式產生落差。總之，會有一方的熱情先冷卻。

但是，熱情尚未冷卻的一方會糾纏著對方，導致雙方進入互相「消耗」的過程。

「最初的興奮消失後，對立、失望、倦怠接踵而來，最後連當初的興奮也一絲不剩」。（註5）

熱情已經冷卻的情人，或許到了此刻才終於明白，當初以為的「轟轟烈烈的愛情」，其實不過是互相束縛對方的欲望。

當雙方投入的感情程度不一致時，有一方會發現對方已經不愛自己了。隨著時間的經過，才發現原來對方從頭到尾都沒愛過自己，對自己也一點都不了解。這種「愚蠢之愛」的當事者，關心的不是對方本身，而只是把自己內心的願望和需求投射在對方身上。其願望與需求包括消除孤獨、滿足性方面的需求。所以才容易陷入一見鍾情。

會陷入「愚蠢之愛」的人，只是透過對方這面鏡子，反映出自己對戀愛的願望，例如戀愛的型態和戀人必須具備的條件。

他們把反映在對方這面鏡子的自我願望，錯看成對方本身。被他們視為戀愛對象的人，不過是外化的自我願望。

他們看的是反映在對方身上的自我願望，而不是對方這個人。所以雙方愛的並不是彼此這個人。

熱情先冷卻的一方，或許不是百分之百，但大致也能看透這段「愚蠢之愛」的本質。

熱情消退後，腦子也跟著變得冷靜下來，對對方的感覺也從喜歡變得討厭。現在在自己眼中，對方已成了礙眼的存在。

熱情尚未消退的這一方，情感也會出現變化，從純粹的愛轉為帶有恨意。所以，「偉大的愛」不久之後就會演變成持刀互砍的社會事件。

陷入愚蠢之愛時，當事者關心的並不是對方。由於欠缺體貼和溫柔，因此並不在意對方想要的是什麼。

他們只不過想從對方身上，滿足自己的慾望，包括對愛情的飢渴、性慾等。

所謂的一見鍾情，不過源自於隱藏於雙方心底的問題而發生。

如果能一次解決所有的負面情緒，例如感覺自己受到孤立，或者性慾無法得到滿足，相信很多人都求之不得。

為了解決心理問題而談戀愛，就是「情感依賴」。

換言之，雙方並不是因為互相喜歡而交往。兩人之所以在一起，不過是為了互相解決各自的心理問題。

但是，這個世界上沒有能一口氣解決所有問題的方法。

不久之後，雙方的心理問題都會浮出檯面。

屆時，偉大的愛情就會轉變為怨恨。

在這段戀愛中，雙方愛的並不是對方。對方不是重點，也不是自己關心的對象。對方的存在只是為了滿足自己的慾望。

一個正常人不可能見一個人不到五分鐘就愛上對方。因為不可能只花五分鐘就了解對方的為人。

只花五分鐘，不可能知道對方的人品，也不知道對方想要追求的目標。

總之，這類的戀愛大多始於當事者把自己的憧憬外化在對方身上。所以才會把對方視為自己的理想對象。

因此，當事者愛上的並非對方實際的樣子，而是自己創造出來的理想對象。

美國有本書寫到談戀愛的人一開始愛上的是「理想中的約翰」，而不是「日常中的約翰」。因為書中用了「the idealized John」和「the everyday John」兩種有趣的表現，直到今天仍讓我記憶深刻。

另外，這本書的作者針對把自己的憧憬投射在對方身上的「把對方理想化的過程」，也說明了是為了彌補缺少的「親密感」。

雙方的關係缺乏了「親密感」，但彼此卻產生有「親密感」的錯覺。作者認為缺少了「親密感」會造成雙方在日常生活的各方面不同調，最後漸行漸遠。

為何自我厭惡的人，戀愛總是不順利

所謂的外化不僅限於戀愛，也包括透過其他人，表現對自己的感覺。舉例而言，產生自我批判的念頭時，會覺得別人都在批評自己。

當自己對自己生氣時，就會感覺別人對自己生氣。

這就像遷怒。看在第三者眼中，當事者完全搞錯發脾氣的對象，但是對當事者而言，之所以遷怒對方，是因為對方惹自己生氣。這個例子可以當作理解外化心理的輔助。

另外，除非自己獲得滿足，否則人很難做到寬以待人。不論是感覺孤獨還是性慾沒有獲得滿足，只要自己覺得不滿足的時候，就很難善待其他人。即使面對情人，也很難表現出溫柔體貼的一面。

但是，當欲望無法獲得滿足時，人很容易成為戀愛的囚犯。從這點應該也有助於理解外化的心理過程吧。

若要為外化下定義，簡單來說，就是「把自己內在的心理過程，原封不動的當作外在發生的事接受」。

明明是自己對自己生氣，卻感覺是有人對自己生氣。生氣是在自己內心發生的心理現象。

舉例而言，假設有人在批評自己現在上的學校。後來因為某些原因轉到其他學校。到了新的學校，又開始說這間學校的壞話。

有些人交了新朋友，過了一段時間，開始批評這個朋友。但等到交了其他朋友，又轉為批評這個新朋友。

只要這個人真正討厭的對象是自己，不論他多麼積極結交新朋友，只要過了一段時間，都會覺得討厭。

如果自己真正討厭的人是自己，不論談幾段戀愛，都不可能開花結果。不論認識了幾個新對象，總有一天會討厭對方。

當自己做了什麼不好的事情，如果心裡有疙瘩，會因此覺得別人在責怪自己。其實，責怪自己的不是別人，而是自己。

過度揣測他人內心想法的人，大多經驗過這種外化的心理過程。之所以擔心別人對自己的想法，原因在於自己已經對自己產生那種想法。

換句話說，企圖利用外化解決心理問題的人，不知道如何在現實生活中，處理自己的怨氣與不滿。

他們認為最有可能一口氣解決自己所有問題的救星，就是出現在眼前的對象。所以這群人會陷入「愚蠢之愛」。

同樣抱有某種心理問題的兩個人相遇後，偉大的戀愛「迅速燃燒」。或許以為自己正陷入熱戀，其實只是為了解決欲求不滿的問題。因為雙方都有欲求不滿的問題，「愛火才會燃燒得熱烈異常」。

但是這段熱戀無法維持太久；即使虛張聲勢，自己想辦法說服自己，但等到無法處理對現實的不滿時，這段戀愛就愕然畫下休止符了。

這就是透過外化所產生的「愚蠢之愛」。能夠滿足於自己的現況，不靠假象欺瞞自己的人，不會被突如其來的「一見鐘情」所迷惑。能夠順利交往的對象，一定透過漸進努力打動對方。

陷入「愚蠢之愛」的情侶們，企圖藉由熱戀來消除自己的欲求不滿。彼此在一起時，他們感覺自己不再孤獨，或者性慾得到滿足。整個世界完全煥然一新。

所以對雙方而言，彼此就是自己的男神和女神，簡直要把對方捧上天。事實上，兩個人的眼中都沒有對方。從表面上看來，只是自己的欲求不滿暫時獲得紓解。但雙方卻深信彼此相愛。

陷入「愚蠢之愛」的情侶們，只會要求對方向自己付出，所以感情遲早會出現裂痕。雙方互相提出的要求愈來愈多，但是彼此都得不到滿足。「摩擦」也因此產生。兩個人一心只想著「我要被愛」，一絲主動愛人的想法都沒有。

愛火燒得正旺時，對方是自己眼中理想的情人，也是「願意愛我的人」。

但是，兩人實際上並沒有相愛。他們沒有發現，這不過只是把自己的願望，投射在對方這面鏡子上罷了。

雙方只是把「理想的情人」誤以為是「願意愛我的人」。

對方實際上唯一會做的事就是要求自己付出。實際上的對方，和自己心目中的理想情人完全相反。

雙方都希望把對方改變成自己期望的樣子。但是，兩個人都不願意為對方改變自己。雙方最重視的，就是找到一個可以滿足自己慾望的對象。

雙方都認為對方應該要滿足自己。但是對方實際上唯一做的，就是不斷向自己提出要求。

對方很堅持自己的要求必須得到滿足，而且不會改變。面對這種冥頑不靈的對象，當事者也逐漸產生了憎惡感。

「很快變熟的人」和「慢熟的人」

相信大家都已了解，外化會導致人對其他人產生錯誤的認知。換言之，自己眼中的他人形象，和實際有落差。

大家是否想過宗教集團的成員為何會如此崇拜教祖呢？

那是因為成員心裡原本就懷有「我想要崇拜一個人」的願望。他們把自己的願望外化在教祖身上，把教祖認定為「理想人物」，因此一廂情願的把現實中的教祖認定為一個理想對象，加以崇拜。

換句話說，他們看到的不是現實中的教祖，而是透過現實中的教祖，實現心目中理想的教祖形象。

同樣的情況也適用於戀愛。由於希望對方是自己心目中理想的男性或女性，所以會強烈希望對方「做自己理想的對象」。

換言之，他們從對方身上看到的是自己的願望，而不是對方本身。對方不過是反映出自己願望的鏡子。他們眼中的對方，多了實際上不具備的特質。這就是外化。

會說「我先生絕對不會外遇」的太太，就是基於外化的心理而這麼說。如果她在先生的衣服上找到女性的頭髮，恐怕會鬧得不可開交。

這位太太看到的不是現實中的先生。她只是透過先生看到自己的願望。先生充其量只是一面鏡子，反映出她一廂情願的願望。

所謂的外化，就是把透過別人這面鏡子所反映的自我內心，錯認為是別人原本的面貌。這位太太的願望是「我要我的丈夫絕對不會出軌，我的丈夫絕對不可以出軌」。

但是這種心理只是她對現實中的先生的一廂情願。日文有句俗諺說「痘疤也看成酒窩（意思相當於中文的情人眼裡出西施）」。自己心裡想的是「酒窩」，但對方實際上有的只是「痘疤」。

精神官能症愈嚴重的人，透過外化的心理過程來看對方的傾向也愈強。他們眼中看不到對方實際的樣子。不論對對方抱著尊敬之心還是輕蔑之意，他們看到的都不是現實中的對方。他們看到的對方，都是自己單方面加諸在他身上的形象。

陷入愚蠢之愛的情侶們，常常會說「對方背叛我」。其實他們沒有遭到背叛。充其量不過是自己單方面認定的「酒窩」，其實是「痘疤」罷了。

和一見鍾情剛好相反的是認識很久之後，才逐漸變得熟稔。以下節錄一段聖・修伯里的《小王子》內文。

「不，我在尋找朋友。你說的『馴養』是什麼意思啊？」

「馴養的意思很容易被忘記呢。意思就是『感情變好』」

「感情變好？」

「沒錯。現在的你在我眼中，看起來和其他成千上萬的男孩子沒有兩樣。所以我就算沒有你也不會怎麼樣。

你沒有我也不會怎麼樣。在你的眼中看來，我和其他成千上萬的狐狸看起來沒有兩樣。可是如果你馴養我，我們就會變得互相離不開對方了。你對我而言，就會成為世上唯一的人；我對你而言，也會成為無可替代的存在（註6）」

兩個突然變得親近的人，各自抱著某種心理問題。所以會引發各種麻煩。兩個人會突然變得親近，必定出自某些原因。例如為了消除嚴重的自卑感、討厭同一個人，所以產生同仇敵愾的心情、互相排遣孤獨等，總之都是在某種負面情緒的媒合下，讓兩個人一下子走得很近。

心理健康的人，需要多花一點時間才會和人變熟。

變得親近和有共同的利害關係是兩回事。因為有共通的利害關係而變得親近的人，如果下次轉為對立的利害關係，昨天的朋友就會成為今天的敵人。

在短時間內和別人變得親近，這種人只能維持來來去去的短暫關係。如果不是有心理糾葛，正常人不會一下子和人稱兄道弟。

即使彼此是擁有一樣興趣的同好，心理健康的人也需要一點時間才會慢慢和對方變熟。如果身邊出現一種人，看似一下子就和人打成一片，最好保持距離。因為這種人一定有某些心理問題。與其保持距離，不要和對方有所牽扯，才能避免以後遇到麻煩。所謂的遇到麻煩，指的是受到對方的怨恨。

如果有人突然主動接近自己也要提高警覺。或者情況剛好顛倒，發現自己突然主動去接近某個人時，最好自我反省一下。

明明和對方不熟，卻突然變得親近。雖然還沒有接觸到對方內心的想法，兩人卻很常在一起。

就像突然陷入熱戀，但沒多久卻突然持刀互砍的男女一樣，類似的事情也可能發生在同性之間。

假設有兩個人都感到被孤立與不安，或者雙方剛好發現彼此的利害關係一致，也可能是與同一個人為敵。總之，兩個人在某個類似的契機下相遇了。

結果兩個人一見如故，馬上變得親近。但即使彼此都覺得對方是個好人，也不表示他們眼中真的看到對方。

「把對方理想化」只會造成不幸

即使沒有嚴重到精神官能症的程度，心理已出現某些障礙的人，很喜歡把自己的私事告訴才沒認識多久的人。例如他們會把自己的行事曆或日記拿給對方看。

有人就遇過這樣的人：明明雙方才見過兩次面，對方卻大方地遞出自己的日記，而且還向自己提出要求「請你帶回家看；看完就放在你那裡，請你幫我保管」。因為對方的行為讓她覺得心裡很不舒服，所以前來諮詢我的意見。

那個把自己日記交給她的人，不但工作穩定，而且從事的職業享有很高的社會地位。因此，她不知道該如何解釋對方的行為。

這位覺得心裡發毛的女性，原本不知道一個人即使擁有崇高的社會地位，也不保證對方心理狀態一定健康。所以，當她看到一個「正人君子」做出如此怪異的行為，她不僅無法理解，還覺得有點毛骨悚然。

當然，會拿出自己的日記，要人家帶回去看的人，是不折不扣的精神官能症患者。而且這個人剛好對她一見鍾情。她不知道的是，拿出東西「賄賂」對方，正是精神官能症患者求愛時的「標準招數」。

基本上而言，說自己陷入一見鍾情的人，就表示這個人的心理出現異常。拿出日記的這個人，也曾經糾纏只在派對上見過一次面的女性。正確說來，他並不是突然在陌生人面前拿出自己的日記，要對方收下。

《認真是為了得到回報的心理學（註7）》一書也提到了一見鍾情。

有些戀愛屬於一見鍾情式，而且來勢洶洶。一旦陷入愛河，當事者會把女友捧上天，認為她是全世界最棒的女性。或者把男友視為全世界獨一無二的男性。總之，陷入熱戀的兩人，完全被戀愛的熱情擄獲。

馬上陷入熱戀的人，大多是心理上的成長失敗。

「Infatuated love is "love at first sight"（迷戀。也就是「熱戀」）」

這種一見鍾情式的戀愛，當事者戀上的不是現實的對方，而是把對方當作自己想像中的理想女性，加以迷戀。一心只以為「全世界再也找不到第二個如此完美的女性了」。

上述這句英文出自前述介紹過《The Psychology of love》這本書中的「Triangulating Love」（愛情三因論）這篇論文。

本篇論文也提到一見鍾情的戀愛是欠缺親密感的產物。對人而言，和其他人培養出親密感是非常重要的能力，但欠缺這種能力的人，很容易一看到某個異性就燃起熱情。

一下子太過投入感情的人，內心藏著許多心理問題。前述已經提過，這類型的人看的不是現實中的對方，而是把對方當作自己的理想來看。

換言之，他們會美化對方。但是，等到真正開始與對方交往，熱情就會消失。因為他們接觸的是現實生活中的對象，並不是想像中的對象。

第二個問題是強迫性。著魔一樣的投入戀愛，會消耗許多力氣。但是他們不像其他人談了戀愛，生活態度就會變得更積極，他們唯一從戀愛得到的收穫是變得茫然。

這類型的人陷入戀愛時，會把心理上的需求投射在對方身上。

舉例而言，有個有憂鬱症傾向人很渴望得到愛情。他的心底隱藏著希望自己可以被當作幼童呵護的願望。他希望找到一個可以無限包容自己的對象。他渴望找到一個可以為自己全心奉獻，在各方面照顧自己的人。

抱著這個願望的他，剛好看到出現在自己眼前的某個異性。於是他把對方視為能夠滿足自己要求的人。

這樣的一廂情願當然會給對方造成困擾。對方不可能因為被人視為理想中的對象而開心，只會感到很不愉快。

但是，被愛情俘虜的人無法理解對方的感受。

所以，容易一見鍾情的人，戀愛基本上都不長久，對象一個換過一個。因為他們無法和人建立親密關係。

另外，這類型的人還會企圖改變對方，以符合自己心目中的理想形象，所以他們不可能接受對方原本的樣子。如果對方無法順應自己的要求改變，他們就會感到不滿。

「大多數的人出自對自己的不滿，被迫創造出充滿幻想或非現實的（因為過度評價）的伴侶（註8）」。

對自己愈不滿的人，愈容易將對方理想化。對現實中的對方視而不見。

有些女性只要一見鍾情，就認定對方是世上獨一無二的男性。這種女性對自己通常充滿不滿。

即使把對方想成「再出色的男性」，戀愛也沒有開花結果的可能。

註

1 H. Jackson Brown, Jr, *Life's Little Instruction Books*, Rutledge Hill Press, 1994,《名言開 拓人生》加藤諦三譯，一九九四年，講談社

2 Karen Horney, *Neurosis and Human Growth*, W. W. NORTON & COMPANY, 1950

3 Robert J. Sternberg & Michael L. Barnes, *The Psychology of Love*, Yale University Press, 1988

4 Erich Fromm, *The Art of Loving*, Harper & Row, Publishers, Inc, 1956, p. 4《愛這回事》懸田克躬譯，紀伊國屋書店，一九五九年

5 前揭書

6 《小王子》（岩波少年文庫53）聖．修伯里著，內藤濯譯

7 PHP研究所，一九九四年

8 Abraham H. Maslow, *Motivation and Personality*, Harper & Row, 1954,《人性的心理學》小口忠彥譯，產業能率短期大學出版部，一九七一年

CHAPTER 3

不要把這種人當作戀愛對象

老是「裝可憐」想要引人注意的慣犯

如果想要用最簡單的方式讓人採取行動，最常見的招式是使用負面感覺。與其說「採取行動」，應該說「操控」更為適當。

溝通分析理論把慢性定型化的不快情緒，稱為「扭曲感覺（Racket Feeling）」。這種感覺隱藏著想要改變一個人的意圖。

這種負面感覺的用途是影響他人。為了達到改變他人行動的目的，使用扭曲感覺的情況，可謂強迫。

舉例而言，強調自己的悲慘、嗚嗚咽咽的哭泣，或者深深嘆息表示失望、露出憂鬱的表情。採取這些行為的用意，是讓對方產生罪惡感，因而使對方按照自己的想法行動。

明明只是小事，卻刻意誇大自己的悲慘，或者對眼前發生的事表現出極端的反應。只要一有事發生，就以受害者的形象示人，或者把自己當作悲劇的主角。有些人明明沒有發生什麼事，卻動不動就喜歡鬧脾氣。心理出現某種障礙的人，會以這樣的方式操控別人。

因為對方使用扭曲感覺而受到支配的人，時間久了會選擇離開。

換言之，使用扭曲感覺的人，即使暫時控制了對方，對方終究有掙脫的一天。扭曲感覺在溝通分析理論中稱為「心靈的嗎啡」，「心靈的嗎啡」會妨礙戀愛的開花結果。

從小習慣用扭曲感覺控制別人，長大以後也會繼續運用。持續扭曲感覺的結果是心理無法得到成長。

若是因扭曲感覺讓對方屈服，即使兩人相戀，甚至步入婚姻，也不代表戀愛開花結果。

雙方會淪為互相怨恨的關係。

如果人生走到盡頭只留下怨恨，表示這輩子談過的所有戀愛都沒有開花結果。死而無憾的人，談過的戀愛都已開花結果。

戀愛是否開花結果，取決的條件不在於戀愛是否天長地久。

表面上看來，彼此傷害的情侶、婚姻不幸的人，在社會上最終都會成為戀愛開花結果的族群，但本質上卻沒有開花結果。

根據溝通分析理論，發現自己最好的一面，會令人感到害怕。因為發現自己最好的一面時，會令人沉浸在不愉快的情緒之中，因此不斷試著去影響別人，企圖讓別人改變對自己的態度。因為自己是最好的，所以沒辦法克制自己不這麼做。

之所以會沉浸在不愉快的情緒，原因在於可以透過扭曲感覺，以間接的方式表達憤怒。如果讓自己停止沉浸在不愉快的情緒，憤怒的情緒就找不到宣洩的出口。

這些人若長期處於一般認知的負面情緒，心中會隱藏著巨大的憤怒。但是這些人害怕引起別人對自己的反感，所以無法直接表現出來。

如果能夠當面責怪、攻擊別人，就不會被不愉快的情緒纏住。

習慣了扭曲感覺，也就是讓自己沉浸在負面情緒的人，如果失去扭曲感覺這項武器，就沒有自信能夠與人好好相處。

有人一直埋怨自己太胖，所以不值得被愛。其實透過埋怨，她等於間接表達出憤怒。其實她不是因為太胖才不值得被愛，而是因為沒有實現自我才沒有人愛。

因為，不可能有人會愛上利用扭曲感覺來操控他人的人。

如果為了證明自己值得被愛，是不是可以選擇以改變自我意象的方式重新出發呢？習慣運用扭曲感覺的人會感到不安。因為這意味著自己必須捨棄長久以來的生存武器。

以前述的女性為例。長久以來她一直埋怨自己太胖，表現出過度的悲傷，目的是藉以間接宣洩出怒氣，同時也達到挽回男友的目的。

之前她一直採用哀兵政策，在對方面前表現出「你就是因為我太胖才不把我當一回事」的態度，讓對方自覺理虧而心軟。

如果她找出自己最有優勢的強項，扭曲感覺就不適用了。所以她對找出自我優勢這件事避之唯恐不及。

就我個人的觀點而言，扭曲感覺這類負面情緒，是一種當事者面對自己無法信賴的人所產生的感情。

能夠向別人清楚表達自己想法的人，不需要讓自己長期沉浸在負面情緒。

如同前述，使用扭曲感覺的人，其實內心有另外一種真正的感覺，無法表達。

她想要表達的是現在這段戀愛讓自己受盡委屈。

戀愛不能開花結果的人，往往是扭曲感覺的高手。

表面上，她訴說的是自己有多苦，其實她真正要表達的是「對方應該更愛我一點」。

會使用扭曲感覺的人，內心一定有某些矛盾掙扎。

內心產生矛盾掙扎的女性，必須常常想辦法動搖男性的心。

而某些對自己缺乏信心，又想受到女性歡迎的男性，便很容易被她們耍得團團轉。

有自信的男性，有能力識破這類女性玩的是扭曲感覺的把戲。唯有對愛情感到飢渴，只想受女性歡迎的男性，才會被這類女性當作玩物，直到被消耗殆盡。

當然，男女角色顛倒的例子也會發生。但都是基於同樣的原理。

使用扭曲感覺的人，剛開始會隱藏自己的敵意，所以戀愛持續一段時間之後，必定會遇到阻礙。

這時，這類型的人會當著對方的面表現出敵意。於是雙方撕破臉，互相指責。

使用扭曲感覺的人，心裡會不斷累積敵意，所以愛情不可能開花結果。一旦失戀，恨意更變得有增無減。

心理健康的人，會想辦法排除戀愛的阻礙。如果努力後還是行不通，最後只能選擇放棄。

談戀愛目的在避免自己受傷

行為外化的人永遠不可能擁有長久的人際關係。

因為行為外化的人，獨自活在自己劃分出來的小世界，等於與世隔絕。

行為外化的人，沒有真正和其他人相處，聽到對方說出對自己表示慰勞或體貼的話語也無動於衷。反而會以為對方在責怪自己。

即使對方對自己付出關懷，用心付出感情，行為外化的人也感受不到一絲一毫，只會覺得對方是在責怪自己沒有把事情做好。

因為這種人會把自己想批評別人的念頭將之外化，所以會覺得別人在責怪自己。

總而言之，行為外化的人，看似能夠和人順利相處，但他們接觸的並不是現實中的他人。

所以，不論是今天第一次見面的新朋友，還是認識十年以上的舊識都一樣。與他們接觸的，都是他們心目中的想像。

行為外化的人，接觸的不是外界的人，而是透過外人與自己的負面情緒接觸。所以，他們對待和自己同住一個屋簷下十年的人，和對待陌生人的態度沒有兩樣。

即使他們對對方表現出非常熱絡親密的「樣子」，卻也能夠瞬間翻臉不認人，當對方是素昧平生的陌生人。

因為就算兩人已經同住在一個屋簷下十年，彼此並沒有情感上的交流。所以如果要立刻和對方切斷所有的關係，展開新的生活，連眉頭都不會皺一下。

這種人可以像什麼事都沒發生過一樣，馬上和下一個對象展開新生活。

即使一起展開新生活的人是至今一直處於敵對關係的對象，這種人也覺得無所謂。之前與另一個人一起生活的點滴回憶，全部都會從心裡和腦中抹除得一乾二淨。不論是人際關係和生活的回憶，都不會隨著時間的經過逐漸累積。

這種人是自我厭惡的人。

如果這樣的人談戀愛會怎麼樣呢？即使和人交往，也沒有談戀愛的感覺。他們談的戀愛不過是為了讓別人看起來「這樣的戀愛好棒」。說穿了只是在演戲罷了。

自我厭惡的人有時會說「我們兩個人走了真久啊」。

但是從他們口中講出來的這句話，一點感情的成分都沒有。

不論什麼事，他們都不願面對現實以免受傷，總是以各種藉口逃避責任。為了避免自己受傷，黑色的烏鴉都可以說成是白的；明明說的是「再見」，卻解釋成是「我愛你」。這是他們的狡猾之處。

自我厭惡的人，即使談了戀愛，卻不愛對方。所以只要對方發覺了，這段戀愛就會冷卻。

愛不會被狀況和關係影響而持續，但戀愛會因狀況的改變而結束。

自我厭惡的人，沒辦法獨立過日子。

自我厭惡的人，本身不算真正活著。

因為不論他們體驗到什麼，真實的感情都會從意識被排除。或者說即使體驗了什麼，也無法產生深刻的感情，因為缺乏固有的感情。

因為感情已經鈍化，所以感覺不到太大的喜怒哀樂，只有模糊不確定的感情。

這類型的人不知道喜歡上一個人是什麼感覺。

聊到結婚，就像聊到要買什麼玩具沒有兩樣。所謂的談戀愛，只是一場遊戲。

這類型的人想要得到眼前看到的東西。但是這麼做得不到真正最喜歡的東西。自我厭惡的人，連自己真正喜歡什麼都不知道。

自我厭惡的人說的「我很開心」，和完成自我實現的人說的「我很開心」，是不一樣的意思。

自我厭惡的人，即使回顧自己的人生也找不到來時路。也沒有值得回味的記憶。也沒有與人深刻互動的回憶。

他們的心裡一個人也沒有。心靈找不到歸宿。所以他們唯一信賴的是實質的利益。

害怕親密關係，因而無法談戀愛

人們的生活方式，確實有一種傾向，會受到周圍環境的決定。但自己想要的生活方式，還是可以由自己掌握。

卡倫・荷妮說，自我厭惡的人，已經失去了方向感。

所謂的有方向感，意思是能夠接受自己在現實社會中的定位。

年輕人在無限的可能性中掌握方向感，並朝著這個方向追求自己的可能性。但自我厭惡的人失去了方向感，只能隨波逐流，跟著周圍的人的想法和環境行動。

自我厭惡的人，沒想過「自己」想做什麼，所以無法決定自己未來的路。他們沒有付出真實的感情和現實存在的人來往，他們對每個人的評價都不帶入個人情感。例如那個人是「很親切的人」、那個人是「很難搞的人」、那個人是「很聰明的人」、那個人是「沒有教養的人」、那個人是「很容易發脾氣的人」等。

「親切的人」「聰明的人」「沒有教養的人」都是不帶感情的評論，無法表達對方的個性。

A先生的親切和C先生的親切都一樣是親切。對於自我厭惡的人來說，不論被A先生親切對待，還是被C先生親近對待都是同一回事。

「容易發脾氣的人」基本上就是討厭的人。對一般人而言，會在討厭的人中分別出「某個人」是「容易發脾氣的人」吧？但是自我厭惡的人無法做出這種分別，對他們來說，所有人都是一樣的。

分手之後，他們也不會記住「那個人很容易發脾氣」。他們並不會刻意記住「那個人」與他人有何不同。

自我厭惡的人表現出來的感情都很表面，一下子就消失了。感情無法在他們的心中紮根，所以表現出來都是很制式化的感情。

自我厭惡的人，本身不帶有感情。因為沒有感情，即使陷入熱戀，過不了多久就對對方沒興趣了。

另一種情況是，一旦受到傷害，熱烈的愛情馬上轉為怨恨。

戀愛無法開花結果時，請先自我反省一下，自己真的有對這段感情下工夫嗎？

結婚失敗的人，共同的特徵

結婚詐騙的受害者並不是只是渴望結婚才被騙。其實，最容易受騙的時候是「想從對方身上獲得利益飛上枝頭當鳳凰」的念頭特別強烈時。如果沒有抱著高攀的想法，只是想找個各種條件都和自己相配的對象，遇到詐騙的機率相對比較低。

腳踏實地工作，慢慢累積存款的人，成為詐騙受害者機率相對較低。許多受騙的人，都是夢想著一夜致富的人。

不願意流汗付出，也不肯努力工作，一心只想著不勞而獲，才會讓結婚詐騙的騙子有機可趁。

不過婚姻失敗和遭到結婚詐騙不一樣。婚姻失敗的人當中，有不少屬於對伴侶的身家資訊毫不關心的人。

舉例而言，有位女性對愛情的渴望非常強烈，想早早結婚。她想像著婚後兩個人如膠似漆的樣子，一起吃飯，一起去買東西。孩子是上天賜予的寶貝，最好能多生幾個。她最大的夢想是夫妻兩個人好好地把孩子拉拔長大。

她渴望早日建立自己的家庭，所以很早就結了婚。但是她喜歡的對象並不是家庭觀念很強的男性。

雖然對方不可能對自己知無不言，言無不盡，但如果在交往時能夠用心感受，要察覺「對方的性格」應該不難。

對方聊的永遠都是政治方面的話題。她應該有注意到，對方每次只要一聊到政治，眼神就會轉為狂熱，情緒也變得激動。

只把心思放在自己身上的人，眼中沒有對方，也無法解讀對方的心情。

美國的心理學家大衛・西波利曾說「要多留意自己的注意力」，只要多加留意，就會發現這些人的注意力總是集中在自己身上。

他們沒有把對方放在心上，所以沒辦法和對方溝通。

在對方面前，只忙著推銷自己，不去傾聽的人，無法和對方互動。

把所有的精力都放在推銷自己的人，對對方視而不見。拼命推銷自己的人，渴望被愛。因為他們缺乏愛人的能力。他們的注意力只集中在自己身上。

想要藉著好形象向別人推銷自己的人，多半缺乏與人溝通與互動的能力。想對別人大打悲情牌以引起注意的人，並不在意別人的感受。

這位女性執著於「我想儘快和他結婚」的願望，所以忽略了對方的性格。當然，這位女性確實喜歡她的男友，但是喜歡並不是愛。

愛對方的人，能夠站在對方的觀點看事情。如此一來，應該馬上就能夠判斷這個人的家庭觀念很薄弱了。

接著，就能做出理智的判斷「雖然我喜歡這個人，但不適合和他結婚」。

能夠「敞開心胸」接受各種資訊的人，一定會摸清對方的性格。但是，因為某些因素被困住，無法「敞開心胸」的人，摸不清對方的性格。

是否能夠摸清對方的個性，端看自己的執著有多強烈。

所謂「緊閉心門」，就是自我執著，能夠「敞開心胸」的人，就是有能力愛別人的人。

如果能多注意對方，就能夠從對方的言行察覺性格。

為何和自戀狂談戀愛究竟是一場空

自戀狂一談戀愛就會陷入自我陶醉，但經過現實接觸，卻非常容易受挫，不堪一擊。

這個案例的主角是三十七歲的女性，離過婚，戀上了有婦之夫，還生了孩子，母子三人獨立生活。

她的情人三十八歲。已有家室的他，是個典型的自戀狂。他的太太也知道這位婚外情女主角的存在。

這位女主角是因為搬到情人的家附近，情人也替她添購了窗簾和地毯等家具，這段婚外情因為購物的收據而曝光了。

情人的雙親流著眼淚，拜託這位女性和兒子分手。

在婚外情曝光之前，情人的意志一直很堅定。他對這位女性表示「我已經下定決心了，所以妳也要堅強一點」。他一再保證「我絕對不會和妳分手，一定會和妳一直走下去」。

但沒想到事情一曝光，情人的態度馬上起了一百八十度的大轉變，很快就回到太太身邊了。

這位女性不斷埋怨「他竟然說要和我分手」。

但是她的情人還說「我的心裡還掛念著妳們母子三人，實在沒辦法下定決心」。情人害怕的是要改變長久維持的局面。

情人的太太也說「這個男性不值得兩個女性去搶」。簡單來說，這個男性就是「離不開父母，也離不開孩子」。

這位女性又補充一點「我會把他和我的前夫做比較，他在工作上的表現比較好。」她無法放手，因為她很執著於「他說他要和我『一直在一起』」這句話。

如果識人不清，就會讓自己陷入麻煩。

她的情人又說「我放不下我媽」。

到頭來，他所要講的不是對外遇對象八歲和十歲女兒的關愛，而是對母親的執著。離不開母親的他，最後還是遲遲下不了決定。

這種男性就算口口聲聲說愛你也是枉然。

他以前曾信誓旦旦的說「到時候，就算要我拋棄父母，拋棄太太和財產，我也要和妳在一起」。

因為是自戀狂，什麼甜言蜜語都說得出口。自己也陶醉在這些話語當中。自戀狂無法分辨愛的實際狀態，所以話說得愈來愈大膽。這等於在玩弄對方的感情。

情人也曾離家出走三次。離家出走的理由並不是真的下定決心要拋棄家庭，而是原來的家庭讓他覺得索然無味罷了。

明明把話講得這麼滿，一旦婚外情曝光，卻又馬上回歸家庭。如果是言出必行的人，絕對不會誇大其辭。

總而言之，會說這種話的人不值得信賴。不論對方說什麼，根本沒有一句是真話。但是這位女性不了解。因為她本身沒有拿出對愛情的誠意，所以物以類聚，只會吸引同樣沒有誠意的人。

自戀狂的真面目

自戀狂無法光明正大的解決問題，沒辦法正面面對。

身為一位自戀狂，只不過自以為把「虛偽的愛」當作是「偉大的愛」。

佛洛姆曾說「虛偽的愛」常被當作「偉大的愛」，是一種偶像崇拜式的愛。
佛洛姆說這種愛的特徵是一開始來勢洶洶，而且突如其來。
愈是苦於無力感的人，愈容易把「虛偽的愛」誤以為是「偉大的愛」。
情人對這位女性說：「我不忍心讓妳們住在出租套房，我要買房子給妳們住」。又補上一句「為了孩子一定要買公寓」，但其實沒有執行的決心。
佛洛姆將之稱為「虛偽的人」，我認為用「認知錯誤的愛」來形容更為恰當。
所謂的自戀狂，就是把「虛偽的愛」當作「偉大的愛」，陷入自我陶醉的人。
有自我陶醉傾向的情人，講出來的話常常誇大其辭。

「凡太希望兩人的戀愛，能夠是自克羅馬儂人時代以來，地表上最神聖、最悲情，但同時也是最美的戀愛。
在兩人完成身為人類所需盡的一切義務為止，凡太確信兩人之間的戀愛是最美的。因為兩人的愛過於神聖，所以不得不分開。
凡太想起哲人曾說過『對不會離開的事物而言，沒有任何一樣東西會逝去吧（註1）』」。

這本小說的主角凡太應該是美化了自己的戀愛吧。也就是陷入了自我陶醉。羅列出這麼多誇大不實的言語，不過只是凸顯出自己無法採取行動的一面。

這種是在現實生活中過得不順利的人才有的想法。活在現實的人，不會用「自克羅馬儂人時代以來」這麼浮誇的字眼形容。就是活得不切實際，才會使用這麼誇張的詞彙。自戀狂會說「我不禁認為我的情人是人類史上最優秀的女性」。會說出這種話的人，在現實生活中多半過得不順利。

在現實生活中腳踏實地，活得精采的人，不會把話講得如此浮誇。

為了擁有開花結果的戀愛，訣竅之一在於不要相信浮誇的言詞。

如果收到像「我深信從地球上只存在阿米巴原蟲的時期開始，直到地球冷卻，所有的生物都消失為止，再也找不到第二個比你更了不起的人」的情書，表示這段戀情已經結束了。

因為寫出這種話的人是自戀狂。

如果聽到對方對自己說「我對你的愛絕對不會輸給任何人。我愛你的方法絕對沒有任何人能模仿得來」，表示戀愛已無以為繼。

假設你收到某人寫的信，上面「只要能和你在一起，不論再悲慘的命運我都承受得了。對我來說，即使要面對再險峻的情況，只要想到能和你承受同樣的命運，就覺得很幸福」，表示這段戀愛已經走到盡頭。

「了解你的為人之後，我內心的驚訝程度，相信是你無法想像的」。

「我現在當著你的面，向神還有我的良心，宣誓我對你的愛」。

如此大言不慚的自戀狂不在少數，說得臉不紅氣不喘的，想以自己的純情當作賣點，但在我看來，只覺得像在看一齣蹩腳的爛電影。

所以，他們的戀人便會說「我從這段盲目的戀愛清醒過來了」並離他遠去。

戀愛結束最重要的事

分手不是壞事。只是當戀愛結束時，必須反省這段戀愛為什麼會結束。因為如果不反省，下一段戀愛只會重蹈覆轍。

在責怪對方之前，更重要的是先自我反省「為什麼我會覺得對方這麼有吸引力？」也就是檢討自己對這段戀愛，為何會如此投入的原因。

或許是因為自卑感和孤獨感作祟。突然陷入熱戀的原因，可能是為了滿足性慾和消除孤獨感。

如果你對戀愛對象的感覺從強烈的愛轉為怨恨，一定要探索自己的內心，找出原因。一段戀愛結束後，人如果無法正視自己心底的孤獨，下次又會再次折磨自己，讓自己喜歡上不適合的人，陷入痛苦的深淵。

自己應該反省的問題是自己是否過於以自我為中心，或要求過多。

當你終於發現自己的問題點時，這段戀愛也算是開花結果了。

戀愛永遠無法開花結果的人，有幾項錯誤的認知。

第一，他們自以為戀愛之所以無法開花結果，是因為自己遇到錯誤的對象。

其實原因不僅只於此。戀愛之所以無法開花結果，並非單純只是自己愛錯了人，而是自己缺乏愛人的能力。

「很多人以為所謂的愛不是根據能力，而是視對象而成立。

抱著只要找到合適對象就好的想法，就像想學畫畫的人，不學技術，而一心以為只要找到正確的模特兒就成功了」（註2）。

如果能夠發覺戀愛之所以無法開花結果的原因在於自己缺乏愛人的能力，就算戀愛無法繼續，但也算是開花結果了。

最起碼，對方會成為讓自己邁向成功戀愛的過程之一。即使不是現在，戀愛終有開花結果的一天。

但是，如果一直以為戀愛失敗是因為自己找錯對象，等到下次談戀愛，又會以「這次又找錯對象」替自己找藉口。所以，不論經過多久，談了幾段感情，戀愛都不可能開花結果。

所謂的戀愛成功、開花結果，定義是與對方變得親密。雙方建立起溝通的管道，能夠互通心意。

只要靠一句「我說啊」，彼此就能心領神會。

有些事情只要靠一句「我說啊」就能解決。

或者是「前陣子啊」這幾個字就能搞定。

或者，即使沒有重要的事，也會打電話。

雙方一起走進餐廳，看著菜單時，彼此不需互相顧忌，能大方表明「我要點這個」。

雙方也能聊天聊到忘我。不論在一起多久都不覺得累，也不覺得膩。

但也能直接吐槽對方「你剛才說的事很無聊」。說話即使沒頭沒腦，對方也聽得懂。雙方並不會刻意接觸。

沒有肉麻過頭的情話。

過多的甜言蜜語，沒有溫暖人心的力量。

慾望過於膨脹的人沒有溫情。最大的理由在於這樣的人連自己都不喜歡自己。

自戀者的心，是無法讓戀愛開花結果的心。

會變成跟蹤狂的人，完全缺乏自己要努力，好讓對方主動喜歡上自己的意識。

不論做什麼，這種人永遠把「我喜歡這麼做」擺在第一位，眼中容不下其他事。

他們的腦中缺乏「我要努力成為對方會喜歡的人」的意識。

相反的，不論自己如何喜歡對方，對方卻對自己無動於衷時，原本的愛慕就會轉為厭惡。

總而言之，這種人的眼中看不到「周圍的現實」。他們唯一在乎的是自己的感受。

這種人缺乏經營人際關係的能力。

他們對周圍的怨恨只會有增無減，但怨恨卻無法解決問題。

他們絕對不會產生「我要靠自己的努力實現目標」的想法。

心裡有煩惱的人，除了知道「我想要什麼」，同時也必須產生「為了達到目標，必須要努力」的認知。

換言之，首先要產生「我想和那個人交往」「我想要和他變熟」的念頭。但同時也必須意識到「為了達到這個目標，我得努力」的重要性。跟蹤狂如果能夠產生「我要努力成為不會讓他反感的人」的意識，事情就會朝好的方向發展。

當然，如果發現對方討厭自己，也會去思考「為什麼對方會討厭我？」接著產生「不該再苦苦糾纏」的念頭。

只要談戀愛，難免會遇到問題。

同樣遇到問題，有些人會思考「為什麼」，有些人不會。

能夠去思考「為什麼」的人，願意努力去理解對方。

努力的結果是順利克服了雙方之間的障礙。

即使如此，下次又會遇到新的障礙。

願意去思考「為什麼」的人，又開始思考「我該怎麼做才能理解對方的心情呢？」靠著努力，他又再次克服了困難。

這樣的體驗愈多，愈能加深他對人性的參悟，戀愛也會開花結果。

所謂加深對人性的參悟，也就是戀愛開花結果。

不努力的人，即使談了再多戀愛也不會歡喜收場。

遺憾的是，為戀愛不順所煩惱的人，全都是沒有付出努力的人。即使付出努力，也不過是以自我為出發點的努力。

年輕人談戀愛，失戀是家常便飯。重點是如何克服失戀的打擊。

戀愛在形式上是否達到圓滿，並不是決定戀愛是否開花結果的條件。一段戀愛的定位，取決於失戀後的態度。以長遠的眼光來看，失戀或許有助於增加人生的充實與意義。

隨著時間的經過，失戀對心理造成的創傷也會逐漸平復。下次遇到情投意合的對象時，若又再度陷入安逸的思考模式，從失戀所得到的收穫就是零了。

只要繼續維持得過且過的安逸想法，寶貴的青春會繼續耗在不會開花結果的戀愛上，不論談了幾次戀愛都一樣。

一樣選擇離婚，有人因此得到幸福，也有人永遠悲嘆自己的不幸。兩者的差異不在於離婚或失戀的體驗本身。

時間無法幫我們直接解決問題。

時間教我們的是解決方法。

但即使知道方法，還是要自己主動努力解決。

過度付出，只會陷入「危險的愛情」

人無法獨自生存。光是長期處於孤獨狀態，就會讓人感到筋疲力竭。每個孤獨的人都希望能夠消除心底的孤獨。佛洛姆在《逃避自由》中提到，恐懼孤獨的人，若恐懼到了極點，將無法獲得自由。

對孤獨的恐懼感或許是人類最原始的恐懼。對孤獨的人而言，和他人產生互動與關聯，就是消除恐懼的方法。

即使是不為孤獨所苦的人，和他人互動與交流也具備重大的意義。

從另一個角度來說，除非在某方面為對方付出，否則對方就不會和自己來往。付出可以是精神方面的付出，也可以是經濟上的支援。

總而言之，有所獲得，才會與其他人往來。不過，請各位記得有一種例外的情況，詳情容我後述。但總而言之，有一類的人只要對方陪伴在自己身邊，即使沒有提供自己實質的幫助，也會覺得滿足。

以養寵物的人為例，應該就不難理解，願意接待外國小朋友的寄宿家庭也是同樣的情況，外國小朋友對寄宿家庭沒有貢獻可言，但家裡的成員還是覺得很滿足。

人與人之間的交往，建立在給予協助或得到幫助的基礎上。當然，就像我前面一再強調的，遇到「非替對方做什麼不可」的時候，可以做的事情並不僅限於具體的事情。

不過這點的前提是覺得「只要雙方在一起就很開心」。

如果和別人見面，一起喝茶會覺得開心，應該下次還會約出來一起喝茶。

如同前述，對深諳孤獨滋味的人而言，提出邀約本身就具備某種意義。重要的不是看棒球或打網球，而是只要有人向自己提出邀約，心裡就覺得滿足。

以戀愛而言，當事者必須透過特定對象才能得到滿足，所以自己必須付出努力，想辦法提高對方的滿意度。而且主動戀上對方的一方，即使得不到對方的回饋也覺得心滿意足。

這就是為什麼從事特種行業的人不能對客戶動真感情。從事特種行業的目的是為了賺錢，但如果不小心喜歡上客人，會變成即使得不到經濟上的利益也心甘情願。

一旦得到這樣的滿足，相互作用就會在沒有金錢瓜葛的情況下不斷反覆，最後形成一種社會關係。

有些男性想高攀出身名門的大家閨秀或名媛，但這些人往往抱著錯誤的認知。他們把對方願意和自己交往的理由解釋為對方會從中得到滿足，這種想法實在是太高估自己了。其實是對方紆尊降貴，願意委屈和自己來往。

當然，一般較常見的情況是男女雙方的情況顛倒。舉例而言，有個女孩迷戀著某個男孩。女方是高中三年級的學生，男方是法律系的大一新生。為了男孩，女孩決定報考法律系。目的是製造接近對方的機會，讓自己更加了解對方在做什麼。男孩參加的社團是漂鳥運動（從事露營、野炊等戶外活動）。為了能和他一起上山，她也參加了自己考上的學校裡的漂鳥社。

姑且不論為了接近對方這種做法是對是錯，重點是這個女孩並沒有抱著自己不需要努力，這段感情就能如願以償的想法。

但情況卻剛好相反。一心只想著如何和對方拉近關係的她，陷入了自我喪失而不自覺。除非她能夠醒悟自己的存在也必須讓對方覺得有意義，否則這段單戀不可能修成正果。她犯的錯誤是以為只要自己做了對方喜歡的事，就能讓對方滿足。

即使她沒有努力到這種程度，對方也覺得滿足。即使她沒有迎合對方的喜好，做的是自己喜歡的事，男孩和她交往時也會覺得滿足。但是這個女孩並不了解這一點。

以社會學的角度而言，我可以預測這個女孩之後的動向。她即使努力到這個地步了，如果還是聽不到心上人對她講出一句窩心的話，或者也沒有機會和他一起上山，她就會放棄努力。請大家注意的是，這是一般正常人最普遍的做法。

如果是心理稍微病態的人，或許會陶醉在自己無私的奉獻。所謂的自我陶醉，就是由自己製造無法從對方獲得的回饋。這種由自己主動製造報酬的情況的確屢見不鮮。

不過，有情感依賴的人，無法接受不如己意的現實。因為遲遲得不到男孩的關注，女孩開始產生不滿。畢竟長久以來都是她單方面在配合他。

但是，她並不是因為情緒成熟，所以能夠無怨的配合對方。她配合對方的目的是得到他的愛。而且在她的心中，對方已成為自己的一部份。

因此，當他離開她時，她立刻陷入了憂鬱症。雖然她一心總想著他，為了他盡心盡力，但其實是為了自己，並不是為了對方。

把他當作自己的一部份，不過是為了避免讓自己受傷的手段。

對情感依賴的人，即使付出的是虛偽的愛，也希望在第三者眼中看起來是熱烈的愛情。對情慾依賴的人，自認為自己的愛是真實的愛。殊不知自己已在不自覺的情況下，要求所愛的人放棄自己了。這就是乍看是過度付出的愛所隱藏的危險。

註

1 《啊啊，青春》加藤諦三著，秋元書房，一九六七年

2 Erich, Fromm, *The Art of the Loving*, Harper & Row, Publishers, Inc, 1956,《愛這件事》懸田克躬譯，紀伊國屋書店，一九五九年

CHAPTER 4

渣男媽寶一輩子都改不了

無法放棄廢物丈夫的妻子

有位和先生是姊弟戀的女性打電話向我訴苦「我先生從六月開始就完全不回家了」。當初她和先生兩人一起私奔到東京。先生二十九歲，已經和公司的女同事同居。對方是電腦相關的公司的派遣員工。是個三十歲的獨居女性。

先生和這位女性是工作上的搭檔。先生五月因病住院時，她曾經在醫院見過這位女性。

先生到了四月下旬，開始因為忙於工作而回不了家。他從公司打電話回家告訴太太「我也想回家啊，好想回去」但是太太告訴我，其實那時候他要回家根本沒問題。

先生離家時，如果沒有準備替換衣物，只有身上穿的那一套衣服，太太就會像老媽子一樣開始擔心他。在這共同生活的五年來，除了太太的身分，她也身兼母親一職。

「我先生討厭和人交往，所以沒有朋友。他在公司被當成怪人。即使交了朋友也不會珍惜，反而主動切斷彼此的關係」。

不論異性還是同性，她的先生只能和願意為他扮演「媽媽」角色的人交往。除了「媽媽」，他沒辦法和其他人維持人際關係。
「我先生向我的娘家借錢，借了日幣三百萬，借這筆錢是為了償還單身時的借款。他從結婚前就會打腫臉充胖子，老是買一些自己負擔不起的高級商品」。
但是這位太太卻用「他在工作上很有自信」來形容這個喪失自我，低自尊的男性。她不了解他所表現的自信滿滿，只是基於自卑感的反向作用。
所謂的「自信滿滿」，其實是偽裝後的自卑感。這樣的人不論進入哪一間公司，在和周圍的人相處時都缺乏協調性。
低自尊的人，無法順利適應社會生活。原因很簡單，因為這類型的人無法成為成熟的大人。
明知先生要去外遇對象的家裡，太太的語調卻刻意變得很開朗。
她笑著告訴我「讓我生氣的就是他變笨了」。
但是她的笑只是乾笑。從她的笑感受不到一絲喜悅，根本是絕望的笑。我想笑完之後，她臉上的表情又會變得很陰沉吧。
她又告訴我「我先生住在對方那裡的時候，曾經生病去看醫生」。知道這件事之後，她又開始擔心，還送了健保卡和零用錢過去。

這位太太雖然對先生失望，卻還是不斷表現出關心，希望對方能回心轉意。換言之，雖然她對婚姻生活已感到絕望，卻還沒有放棄母親的角色。

在她的主導下，先生扮演的是兒子的角色。她和先生婚外情的對象，則合力扮演著代理媽媽的角色。

《彼得潘症候群》（日本祥傳社）作者丹．凱利曾指出，許多女性之所以樂意扮演母親的角色，是為了藉以消除對獨立自主的恐懼。

如果女性的依賴心過強，害怕一個人生活，唯一的解決之道就是把一生的時光虛耗在長不大的男性身上。

本案例中的太太和她的先生，一個是因為心理上無法自立，藉由扮演母親角色以達到逃避的目的，另一個則是對母親表現強烈的執著。

這個懷有戀母情結的男性，一直仰賴著這兩個女性過日子，所以他對太太或情人都不帶敵意。

但是這個男性如果不被太太之外的另一個女性認同，他的心態會發生什麼變化呢？如同佛洛姆所言，要不是「出現不安、陷入憂鬱狀態」，就是對妻子產生敵意。雖然是敵意，也屬於是一種依賴性的敵意（以怨恨或怒氣表現出依賴性）。
請各位一起揣摩這樣的心理過程。

為什麼不要和戀母情結的人談戀愛

戀母情結的人，永遠無法擺脫對母親的固著（執著）。一樣是戀母情結，症狀依程度的輕重而有不同。

佛洛姆說「對母親的角色抱有固著的男性，需要一個像母親一樣的女性，能夠提供安慰、稱讚，而且保護和照顧自己（註1）」。

總而言之，他們已經進入需要別人讚美和保護的退行（退化）階段。但如果對方做不到會發生什麼事呢？

他們會對這位女性感到不滿。若以另一種方式形容，就是表現出依賴性的敵意。

戀母情結的男性，即使和能夠滿足自己的女性交往，卻會因產生依賴性的敵意而感到痛苦，但如果對方不在身邊，又會苦於欲望無法得到滿足。

佛洛姆說，如果他們得不到這樣的女性，容易「陷入不安和憂鬱狀態（註2）」。

陷入不安和憂鬱狀態的人，這時很可能會一直自怨自艾「不論這個還是那個，我想要的都得不到，我真命苦」。

但是，他們口中說的「這個和那個，我想要的都得不到」並不是事實。所謂的「這個和那個」是因為自己的依賴性造成的憂鬱反應的藉口。

這些男性即使有了「這個和那個」，還是不會滿足。他們會從外界尋找讓自己不滿的原因，例如上司無能、公司給的待遇太差、失業、失戀、考試不合格等，但是真正造成他們感到不滿的原因並非在外界。他們的怒氣與不滿，本質在於自己的情緒不成熟。

對他們而言，某種類型的女性，可以扮演代理媽媽的角色，但如果得不到這樣的對象，他們的心裡就失去支撐，所以陷入「不安與憂鬱狀態」。

對這種類型的男性而言，並不是只要有了情人就好。情人必須符合能夠「提供安慰、稱讚，而且保護和照顧自己」的條件。一般而言，沒有人能夠滿足這些要求。

所以他們對情人會感到不滿，也就是懷著依賴性的敵意。

即使有了情人，也會因依賴性的敵意作祟，導致憂鬱反應產生；如果沒有情人，也會陷入「不安和憂鬱狀態」。

佛洛姆說對亂倫產生固著的男性，也就是有戀母情節的男性，會傾向選擇不向自己提出任何要求的女性，也就是無條件接自己依賴的女性。

換言之，就是不會讓自己產生依賴性敵意的女性。就像本章一開始提到的，有戀母情節的男性，會選擇再找一個能擔任「媽媽」角色的女性。

解決「依賴與敵意」這項心理課題，是取決心理成長的關鍵。換言之，希望對象能無條件讓自己依賴的男性，追求的是不必理會尚未解決的心理問題，也能生存的方式。

但是一般女性不可能接受這樣的條件，所以這種男性只要談戀愛，一定會對對方產生依賴性的敵意。

對亂倫產生固著的男性，也就是有戀母情節的男性，無論如何掙扎都不可能得到幸福。即使獨佔全世界的財富，甚至全世界的女性，也不可能得到幸福。

即使現實生活的苦難全部消失，還是與幸福無緣。

原因在於這些男性即使在身體上和社會面上已經長大成人，但內心仍處理幼兒狀態。沒有人能夠給予他們所追求的無條件的愛。

渣男的決定性關鍵

佛洛姆說，亂倫的衝動是「男女都具備的最基本的激情之一（註3）」。其具體內容是「人的防衛本能、對自戀的滿足、對逃離伴隨著責任、自由和意識性所產生的負擔的渴望、對無條件的愛的追求等（註4）」。

佛洛姆也提到一般而言，這樣的欲求存在於幼兒的內心。另外他也指出重要的一點，意即負責滿足這些欲求的人是母親。

若是這點成立，將會衍生出許多問題。因為，如果母親無法滿足這些欲求，會造成什麼結果呢？

如果母親無法滿足「孩子對無條件的愛的追求」，這個欲求並不會消失。也就是說，即使長大成人，他的內心深處還是像幼兒一樣，渴望著無條件的愛。

所謂的「對無條件的愛的追求」，具體而言是怎麼一回事呢？

就是「就算我跑得慢也還是愛我，就算我唱歌唱得難聽也會稱讚我，就算我不帥也全心接受我，就算我不聰明也依然愛我」。

接受「原本的我」就是「對無條件的愛的追求」。也就是向外界發出請求「請愛最原始的我」。

「愛你最原本的樣子」就是無條件的愛。

和這個人在一起的時候，說謊也無所謂。這就是無條件的愛。

舉例而言，假設孩子在學校考試考砸了，放學回家時，孩子可以不必向媽媽說謊，坦然以告。換種說法就是「什麼話都能說的關係」。

這種愛和佛洛姆說的「不求回報的愛」剛好完全相反。等到孩子考了好成績才加以獎勵，就是「要求回報的愛」。

幼兒就算年幼無知，也感覺得到自己被人疼愛。被愛可以讓他對親近的人產生信賴感。

幼兒時期的信賴感，在一個人長大成人後，會是對周圍的人產生信賴感的基礎。

相反的，若男性不曾從母親得到無條件的愛又會如何呢？這些男性不會主動去愛，而是會像幼兒要求媽媽愛自己一樣，不斷向其他人需索愛情。

但是他們的要求幾乎不可能實現。願意像母親疼愛幼兒一樣，向成年男性付出愛情又不求回報的女性，應該是打著燈籠也找不到吧。

總之，小時候沒有得到母親「無條件的愛」，這種男性長大成人後會繼續追求無條件的愛。因為無法如願以償，只能帶著沒有癒合的心理創傷過日子，其心理的基礎也會因此轉為怨恨。

他們即使和成熟的女性談戀愛，情況也不會有所好轉。因為他們依舊得不到滿足。對方給的愛和他們追求的愛不一樣，所以心理的創傷還是無法癒合。

即使女方自認已付出感情，男方卻還是感覺很受傷。雙方的認知存在著很大的落差。

前面提到的有戀母情節的男性，看似大享齊人之福，實情並非如此。由於那兩位女性都無法化為成長的動力，讓他成為真正的大人。事實上，這兩個女性也並不是真心愛他。

佛洛姆說，如果母親無法滿足這個基本欲求，幼兒不可能生存。雖然不知道他所指的不可能生存的定義為何，起碼可以肯定的是，這個孩子會對周圍的人缺乏信賴感。

不安時，孩子會想緊抓著媽媽不放。但是媽媽卻沒有成為孩子的依靠。這樣的親子關係就像英國發展心理學家約翰．鮑比（John Bowlby）所說的，屬於焦慮型依戀。

這樣的孩子長大成人以後，會變得無法信任別人。

結婚對象和自己母親相似

佛洛姆曾針對精神官能症患者對亂倫的固著發表評論，第二階段的特徵如下。

「症狀不嚴重的男性，會對表現得像母親一樣，而且幾乎對自己不會提出要求的人，也就是能無條件讓自己依賴的人產生固著（註5）」。

不會提出要求的女性，應該不存在於這個世界吧。

因此，這樣的男性如果和特定女性變得親近，會隨時都處於發怒狀態。因為對方不理會他的要求，也不會全心照顧他。

所以他老是覺得不開心。他在已經變得親近的女性面前，總是表現得不開心。

只要對方有事拜託他，即使是小事，他也會覺得不耐煩。想要發脾氣。因為他想要的對象是不會提出任何要求的女性。

光聽到對方抱怨「別這麼做」「別這麼說」或者「你就這麼做嘛」，他們都會發火。

他們最重視的是「全心奉獻」。

如果聽到對方明說「我不喜歡你這麼做，希望你能改一改」，他們馬上勃然大怒，翻臉不認人。

從另一個觀點來看，他們之所以要找的是願意全心為自己奉獻的女性，原因是這種女性對自己實在太重要了。

他們只要聽到別人稍微批評自己，內心就會隨之起伏。原本好端端的心情，因為對方無心的一句話，立刻消失殆盡，變得悶悶不樂。換言之，他們的心情總是受到別人的言行所影響。從另個角度而言，可見別人對他們的重要性之高。

「症狀更嚴重的人，舉例而言，有些男性會選擇和母親非常相似的女性結婚（註6）。」

不論再怎麼像，對方畢竟是妻子，不是母親，所以煩躁的心情在婚後依然不變。追根究柢而言，會選擇和很像母親的女性結婚的男性，從未體驗到母親對自己的愛。他們渴望得到母親的愛。會選擇和很像母親的女性結婚，表示男性對母愛的執著很強烈。

「根據佛洛伊德的觀察，幼兒期對母親的依戀——一般人很少能完全擺脫的依戀，內含著巨大的能量（註7）。」

幼兒期對母親的依戀若沒有得到滿足，因而產生的欲求不滿可能讓一個人終其一生都處於不幸。

除非本人能意識到這點，想辦法改變自己的生活方式，否則一生的幸福，將取決於滿足程度的多寡。

所謂「幼兒期對母親的依戀，內含著巨大的能量」，言下之意是若孩子對母親的依戀沒有得到滿足，會累積程度驚人的不滿。

若是如此，當事者的「心理基礎」就是怨恨，不滿則是「心中的土壤」。

將這股強烈的怨恨和不滿外化之後，他們會以受害者自居。

「沒有自我」的人所陷入的心理危機

亂倫的固著的最後階段是「沒有自我」。

亂倫的固著階段也意味著心理危機的階段。

佛洛姆說，孩子與母親的依賴時期結束後，孩子會進入個性化的過程。但是有些人即使進入這個過程，卻無法實現自我。而且在無意識中受到不安的支配。

一個人除非能夠藉由實現自我而相信、依賴自己，否則就會受到不安與恐懼所控制。除非能做到自我實現，否則無法培養出負責任的能力，也無法擁有自己的信念。所謂的「擁有自我」，除了上述條件，還必須能夠相信自己。

除非一個人在與母親的依賴結束之後，在個性化的過程中發展出獨立性，否則不只戀愛，其他的人際關係也不可能發展順利。

註

1 Erich, Fromm, *The Heart of Man*, Harper & Row, Publishers, Inc, 1964,《關於惡》鈴木重吉譯，紀伊國屋書店，一九六五年

2 前揭書

3 前揭書

4 前揭書

5 前揭書

6 前揭書

7 前揭書

CHAPTER 5

失戀的痛苦

失戀的痛苦究竟是什麼

克服悲傷以後，人們會改變，得到成長。

因為悲傷感到撕心裂肺、連呼吸都覺得痛苦的時候，神會告訴我們「斬斷這個念頭吧」。

但是，想要失戀的人「克服悲傷」，可就不是那麼簡單的事了。

就算心裡很清楚「我一定要想辦法克服悲傷」的道理，但卻無法輕易拋開「好想和他見面」的念頭。

「克服悲傷以後會發生改變」道理大家都懂。但是，「好想和他見面、說話」卻也是無法抹滅的心情。

就是因為有那個人的存在，不管遇到任何辛酸的事情，才能對自己說「斬斷這個念頭吧」。

但是那個人現在不在了，如此一來，「克服悲傷」這句話聽起來也顯得空虛。

心裡只感覺到「沒有那個人的人生毫無意義」。

一旦失戀，原本充實的人生也變得了無生趣。

以下的內容節錄自筆者的小說作品《啊啊，青春》，描寫對戀人想要忘卻又忘不了的思慕。

「好不容易回到自己的房間時，凡太想到一件事：只要待在這裡，不必見到任何人，也不會受到傷害。接著仰躺在床上。

我昨天晚上也哭了。今天晚上大概也會哭吧。沒關係。反正這對失敗的人而言是家常便飯。

我到底要等到什麼時候，才能忘了青里洋子呢。在天快亮的時候，凡太感覺到一股無藥可救的悲傷。

就像不管除了幾次還是會長出來的雜草一樣，對青里洋子的愛與恨，已經在凡太的心中生根發芽了」。

一旦失戀，即使聽了輕快的音樂，心情一樣感到悲傷。明明聽了會讓人手舞足蹈的音樂，心情還是一樣沉重。不論聽了什麼、看了什麼，心情依舊低落。

一般都說人感到「憂鬱」時，「不論做什麼都不覺得快樂」，失戀正屬於這種情況。即使聽到音樂，身體和心卻絲毫不為所動。

不論做什麼，心裡都不覺得感動。

因為不論體驗了什麼，自己已經沒有可以分享的對象，也無法和對方一起體驗了。失戀帶來的痛苦就是這麼回事。

即使聽了輕快的音樂，心情依舊沉重。輕快的音樂聽在耳中，心中只覺得一陣空虛。這就是失戀造成的「憂鬱」。

聽了有療癒效果的音樂，卻沒有得到被療癒的感覺。

滿腦子只有「好想見那個人」的念頭。

不論做什麼事都提不起勁，不管做了什麼都不覺得有趣。

對人而言，快樂的事本身並不存在，而是要有心，才能感受到快樂。所謂的失戀，就是失去了能夠感受到快樂的心。

和知心的朋友相約見面，理應是讓人開心的事。但一旦失戀了，連和朋友見面也不覺得開心。

因為有了戀人，參加老朋友的聚餐才覺得快樂。

只要失戀，生活上的一切都變得了無樂趣。不論做什麼都感到無聊，也沒有興致做任何事。

一心只想著「好想見那個人」。這就是失戀。

失戀時，有些人仍保有心靈的支柱，但有些人沒有。

所謂的心靈支柱，說得簡單點，就是身邊有沒有自己信得過的人。

小時候得到媽媽毫無保留的愛；自己知道自己是被愛的。一個人如果能夠確信這一點，就可稱為擁有心靈的支柱。

當然，對象不一定要是母親。

「只要擁有確信自己一定被對方所愛的對象」，在一個人感到悲傷和痛苦時，這個對象就可以發揮心靈支柱的作用。

但如果缺乏值得自己信賴的對象，心靈恐怕就崩潰了。

不論做什麼都覺得索然無味。

不論是加薪、有理想工作找上門或其他喜事發生，都提不起精神，感受不到喜悅。

總而言之，只有一種感覺，就是「無聊」。

還會覺得了無生趣，做什麼事都提不起勁。

曾經燦爛的回憶也褪色了。

原本一想起就覺得「啊、真令人懷念」的往事，也不再讓人懷念。即使想起來也不再感動。

讓自己「好想再見他一面」的對象已經失去了。連以前「想見」的人，現在也不想見了。

一般人平時只要好事發生，整個人會變得很有精神。例如吃了美食、物品失而復得、找到好工作等，都會讓人精神為之一振。

但是失戀時，即使發生再好的事，也無助提振精神。公司把自己調到夢寐以求的部門，明明是可喜可賀的事，心中卻激不起任何喜悅之情。

發生應該開心的事，卻開心不起來。說得極端一點，當事人甚至可能寧願不要有好事發生。

為失戀「悲傷的人」與「悔恨的人」

生命究竟有沒有意義，是我們年輕時常討論的話題，但人生到底有沒有意義，其實並不重要。

因為重要的在於有沒有心去感受人生的意義。

深受失戀打擊而萎靡不振的人，在談戀愛的時候，每天都是喜上眉梢的樣子。一心沉浸在愛河的人，根本不可能分心去思考「人生究竟有沒有意義？」

只要是沉浸在戀愛的喜悅的人，應該都感覺得到人生的價值。

但是一旦失戀，人生也瞬間從從彩色變成黑白。

不過，當人終於從悲傷走出來的時候，同時也會得到成長。

遇到除了哭，什麼事都做不了的時候，就盡情地哭吧。哭泣之後，人會變得更堅強。

無法理解這些人為何流淚的人，沒有資格談愛。

明天的事沒有人會知道。但真心覺得「失戀真好」的時候總有到來的一天。失戀的人，總有一天會再度迎接戀愛。

或許明天就是能夠感受紅茶美味的日子。

正因為失戀，視野才能得到拓展，也才會有下一段的戀愛。

失戀絕不代表戀愛無法開花結果。眼前的失戀，不過是戀愛修成正果的過程之一。

我們會談戀愛，失戀。當然也會為談戀愛和失戀所苦，感到悲傷。

有些人對戀愛與失戀的痛苦產生錯誤的認知。

被對方拋棄的時候，折磨自己的並不是失戀本身，而是另有真正的原因。例如苦於嚴重的自卑感作祟等。

以下是凡太在《啊啊，青春》中被情人拋棄時的心境。

「凡太發誓要靠自己一個人復仇。為了隨時提醒自己的誓言，凡太把青里洋子寫的信和身分證夾在一起。

復仇、復仇、復仇。凡太的血液在體內重新沸騰。」

凡太被青里洋子拋棄時，想到她曾經對自己說「你只有日幣十元的價值」，但是對自己的情敵卻充滿敬意「那個人可是價值一百元呢」。

事實上，凡太不過是被一個其實一文不值的女性說「你只有日幣十元的價值」。儘管不值得掛齒，凡太偏偏就是覺得悔恨不已。

他往後的人生會被這股悔恨的情感驅動。很多人都像他一樣，親手把自己的人生變得毫無意義。

話說回來，凡太的內心原本就對人生和世間抱持著一股莫名的敵意。他的愛意深處，肯定也對青里洋子這位特定的女性產生敵意。因此，兩人分手時，他所感受的「悔恨」才會大於「悲傷」。

這種帶著一股莫名敵意的人一旦談戀愛，當一開始的熱情冷卻後，不論和自己談戀愛的對象是誰，都會和對方演變成互相傷害的關係。

凡太的感情和想法也屬於同樣的類型。如果他真心愛著青里洋子，應該不會說「好不甘心」，而是「好難過」吧。

凡太指的不甘心是「真不甘心被當成傻子耍」，因此他也無法原諒蔑視自己的青里洋子。

如果真心愛著對方，聽到對方說「我已經不再喜歡你」時，應該會覺得悲傷。可見凡太並不是真心喜歡青里洋子。

對方拋棄了自己，投向新歡的懷抱。所以他覺得「不甘心」。他原本以為對方喜歡自己是因為自己的頭腦很聰明或長得很帥，所以喜歡自己；他原本以為對方喜歡自己，是因為自己很受歡迎。

但是，現在出現比他更優秀的人。戀人移情別戀了。所以他覺得「不甘心」。若把當事者換成女性，當自認「條件很好」的女性失戀時，也常常會覺得「不甘心」。

「心有不甘」的人，很在乎自己在對方眼中的形象。她原本以為自己的條件比情敵更好。但是事實卻剛好顛倒。所以她覺得「不甘心」。因為對方如果為了選擇新歡而拋棄自己，表示情敵比自己優秀。被對方拋棄時之所以感到「不甘心」，就是基於這樣的價值觀。這樣的眼界也過於狹窄了。

如果一直以這樣的方式過日子，最後會搞不清楚「我到底在做什麼」。也不知道自己是為什麼而活。

自卑感與狹窄的眼界是戀愛的阻礙

戀愛無法開花結果，和當事者的自卑感和眼界過於狹窄有關。所謂的眼界狹窄，意思是一個人在沒有自覺的情況下，產生了各種負面情感。

《啊啊，青春》的主角凡太因為腦筋不好，對自己懷著嚴重的自卑感。因為這股自卑感作祟，導致他對感情的經營也顯得不積極。

「從小生長在得天獨厚的環境裡，學業成績卻沒有好的表現，是凡太自己的責任。我認為絲毫沒有值得同情的餘地。如果因此被別人瞧不起也無可奈何。出身寒微，卻還是腳踏實地過日子的人，會贏得別人的尊敬。但凡太剛好相反，他出身自良好的家庭。所以，對當時的凡太而言，他覺得世界上沒有人比現在的自己更悲慘了。其實不只是凡太，每個人都會放大自己的痛苦，覺得沒有人吃的苦比自己多。」

總而言之，凡太認為即使面對痛苦的現實，但只要得到別人的憐憫，人生的苦痛就沒那麼難熬了。問題在於凡太的眼界過於狹窄。出身良好家庭，但成績不好的人，或許都是這麼看待世界吧。但事實絕非和他們想的一樣。同樣是出身良好家庭，成績不好，但照樣受到別人歡迎的人比比皆是。

不過，出身良好家庭，成績不好的人，也有些不受別人歡迎。而這些人多半都是心理上較不安的人。

內心沒有得到滿足的人會成為討人厭的人。

出身良好家庭，只知道拼命念書的利己主義者，不可能擁有好人緣。

問題不是出生的家庭或成績。問題是人品。

凡太只會從「聰明還是愚蠢」來看待一個人。所以問題出在凡太看人的觀點。

凡太之所以變得不幸，原因在於他完全以自己的想法為出發點。

把凡太逼入絕境的人不是別人，是他自己。但是凡太本人對這點渾然不覺。

當一個人感到痛苦，原因在於他的價值觀出了問題。

一樣是出人頭地，位處高位的人，有些人備受唾棄，也有人受到歡迎。若是只會從是否出人頭地來判斷的人，無法分辨兩者的差異。

眼界狹小的人，煩惱的問題也很多。他們的心底累積著怨恨和懷疑等各種負面情感。這些在不知不覺之中潛入內心的恨意，使人的眼界變得狹窄，無法以圓融的態度看待事物。

凡太只看到人外在的「形」。原因在於前述的累積在心底的怨恨。當他決定對某個人的看法時，用的是連自己都不知道的感情。

像凡太這樣的人，只不過是帶著一副有色眼鏡看人，讓自己被自己逼到絕境罷了。

凡太把願意接受自己的女性，視為不如青里洋子的女性。這種心態會造成問題。

如果對方在自己心目中佔有重要的份量，人在心底深處會對自己說實話。如果無法對自己誠實，表示對方並不是那麼有份量。

能夠給予自己愈多包容心的人，在這個人的心目中份量愈重。之所以不敢說出自己的真心話，當然是當事者的心理問題，但也是對方的心理問題。

可以向對方坦率表達自我時，表示對方是有器量的人。而且對方的心理狀態成熟，可以讓人放鬆，暢所欲言。

這樣的人會讓對方產生安全感。所以當遇到能讓自己暢所欲言的對象時，表示願意相信對方。

被「虛偽的愛」迷惑的人

自卑感很強的人，對自己勾勒的形象隨時會出現激烈的變動。他們會根據別人對自己的態度而改變自我意象（此指個人對『自己是個怎樣的人』的想法）。有時候覺得自己很優秀，也有覺得自己很糟糕的時候，但沒有真正的自我意象。

自我意象的激烈轉變，正是當事者缺乏自信的證據。

懷有嚴重自卑感的人，會不斷貶低自己，想像自己已陷入從未想像過的悲慘境地。因為自己先貶低自己，所以看其他人時，會把對方美化兩倍。例如談戀愛時，它們會主動提高與對方交往的門檻。不管門檻有多高，其實高度都是自己設的。換言之，自卑感愈是強烈的人，愈可能自我設限，做出自掘墳墓的愚蠢行為。

每個人在年輕時，都曾一時失去心理上的安定，產生希望時光能夠倒流的念頭。但是一直抱著這樣的想法，人生註定走向失敗。如果這樣的個性不改，一定會遇到許多問題。

如果不能把心態轉為積極，努力克服這種想法，下一次遇到困難時，一樣寸步難行。如果持續抱持這樣的心態，不論談了幾段戀愛，都無法開花結果。

不受父母疼愛的孩子，會覺得自己沒有價值，並為此而苦。對這樣的人而言，沒有一句話比「我愛你」更讓他們高興了。

因為這句話能夠讓他們覺得自己有價值。可以從自覺沒有價值的痛苦中得到解脫。如果把這種極端的情話寫在情書裡，即使只有寥寥幾句，也能讓收信者感覺自己的價值。正因如此，在缺乏父母關愛的環境下長大的孩子，很容易受到虛偽的愛迷惑上鉤。感覺到自我價值的欲求，是身為人的基本欲求。所以，單是無法感受到自己的價值，就足以造成巨大的痛苦。這也不難理解苦於無法感受自我價值的人，為何會輕信虛偽的情話了。

在父母關愛的環境下長大的人，原本就感覺到自己的價值所在，所以從自己被人喜愛、被愛和受到歡迎所得到的喜悅沒那麼強烈，也不容易被虛假的愛迷惑，當然也不會因上當而受苦。

孩童時期的痛苦，大半靠著父母的愛就能解決。心理健康的家長所照顧的孩子，與有精神官能症傾向的父母養育的孩子，人生的際遇完全不同，天差地遠。

雖然都是人生，但每個人的際遇大不相同。

以下的內容節錄自《啊啊，青春》。

「凡太雖然是重考生，還是去參加同學會了。大家在回家的路上，又找了一間咖啡店坐下來。這時，青里洋子和凡太並肩坐在一起。

凡太在高中的時候，曾經被青里洋子甩了。

她打開皮包，說了一句『我有帶這個呢』。然後把巧克力遞給凡太。

接著她看著自己倒映在玻璃窗的身影，重新整理了髮型。凡太覺得她是為了自己這麼做的，所以覺得很開心。

到了隔天，凡太感覺全身湧起了一股無論遇到什麼困難，都有信心打倒的鬥志。

不過，他所面對的現實是日復一日的重考生活，而且若要他說出自己的目的，簡直到了慘不忍聞的程度。

如果他的目的是為了人類、為了和平、為了追求真實，或者為了拯救貧困的人們，就算血液要過著一滴一滴榨乾的苦日子，他也認為是有意義的。

對於上大學這件事，凡太滿腦子只有為了自己的想法。就算他好幾次告訴自己，上大學的目的是在畢業後為了世界和平而盡一分心力，絕對不是為了一己私利，聽起來還是一點說服力都沒有」。

「有自我」的人生和「沒有自我」的人生

凡太是自找苦吃的類型。說穿了，他很不想準備升學考試。如果像凡太這樣的人真的「為了人類、為了和平」而工作，想必一定會整天發牢騷「為什麼只有我那麼倒楣，需要為別人做牛做馬」。

愈是喜歡把「為了人類、為了和平」掛在嘴上的人，愈是以自我為中心的人，而且整天發牢騷「為什麼只有我那麼倒楣，需要為別人做牛做馬」。

說穿了，凡太只是換了一個原因，說明自己為什麼會痛苦。他不是為了失戀所苦，而是想要藉由這套歪理讓自己逃避現實。

凡太沒有自己的想法，只是按照別人鋪好的人生軌道一步一步走。所以才會覺得空虛。

凡太的目的並不是真正發自內心。不過，推動明治維新的那群年輕人，每個人都有一個「發自內心」，不惜賭上性命的目的。這點是凡太與他們截然不同之處。

「如果可以活得像聖女貞德或耶穌基督一樣，我覺得接受火刑根本沒什麼大不了。和現在過的日子相比，活得像耶穌基督，最後接受火刑還輕鬆多了。如果可以活得像甘地、活得像蘇格拉底，不論要接受何種拷問，總比現在無所事事的混日子強多了。

如果可以活得像宮本武藏，要我和青里洋子分手根本不算什麼。

讓青年凡太活得痛不欲生的真正原因是，他發現自己活得不像個年輕人，而且自己念書的目的並不是為了世人，而是為了自己。」

凡太想要得到眾人的關注。他想要從大家口中聽到「你好棒」。即使要忍受火刑的煎熬，凡太也想要受到注目。

凡太能夠說出「如果可以活得像宮本武藏，要我和青里洋子分手根本不算什麼」這種話，表示他並沒有那麼喜歡青里洋子。

總而言之，凡太並沒有像推動明治維新的那群年輕人所抱持的目的。

有些人口口聲聲的說「我也想活得像聖女貞德」，其實並不是嚮往這樣的生活方式，而是希望得到人們的尊敬與讚揚。

另外，凡太也是見一個愛一個的類型，他不了解自己在追求的是什麼。

其實凡太找的是「可以當作媽媽的人」。他就像童話故事「萬里尋母」的主角一樣，不斷在找「媽媽」。

因此他不斷留戀於花叢之間。

他誤認青年期因為各種內心的矛盾所帶來的痛苦是失戀造成的。

凡太在尋找一個可以溫柔守護自己的對象。但是他連自己在尋找什麼都不知道。

如果他知道自己在找的是什麼，就有了努力尋找的目標。如果運氣好，真的找到這樣的人，就可以消除他的自卑感。更重要的是，能成為他生命的意義。

人其實不知道自己真正想追求的是什麼，所以才會在自卑感的驅使下，走向錯誤的道路。

凡太對情人的要求是她要表現得很溫柔，像母親一樣溫柔對待自己。他想要得到戀人的關注，就像母親對自己的關注一樣。他也想要得到戀人的撫慰，就像母親對自己的撫慰一樣。他想要戀人溫柔地和他對話，就像母親溫柔地和他對話一樣。他想要戀人向他微笑，就像母親對自己微笑一樣。他想要戀人尋求他，就像母親尋求自己一樣。

但是凡太並不了解這點，或者是不打算去了解。凡太最大的問題是對自己無法誠實。

因為無法對自己誠實，自然也無從知自己真正想要追求的是什麼。因為無法對自己誠實，即使遇到能像母親一樣對待自己女性，也只會虛張聲勢。

為了得到「母親」的關懷，當事者必須做到兩件事。第一是找到能夠提供母愛的女性，第二是要誠實。

戀愛無法開花結果的男性們，雖然對何謂母愛關懷沒有具備明確的概念，但會受到某些特定類型的女性吸引是不爭的事實。男性雖然不知道為什麼自己會受到這位女性的吸引，但大多數的情況都是從這位女性身上感受到母性特質。

如果男性對母愛的欲求沒有得到滿足，就會一直執著於母愛的追求。

這類男性會一直持續這樣的追求，最後回到原點。沒有獲得充足母愛的男性們，不只在戀愛，而會在所有的關係上都尋求母愛。

包括向公司尋求，從上司身上尋求母愛的慰藉，還有從同事身上尋求，但這些代替品沒有一個能夠滿足他們。

不幸的是，這些男性並沒有發現不斷驅使自己的原動力是什麼。所以即使心裡感到焦慮，也不知該如何解決自己的煩惱。

男性要真正獨當一面的前提是，獲得充足的母愛與找到理想的女性。

但能獨當一面的人並不是超人。只要是人，每個人都有弱點。世界上沒有一個人是完美無缺。所謂強大的人，就是願意承認自己的弱點和軟弱。所謂的強大，就是對自己誠實。

堅強的男性，就是誠實的男性。

但是年輕人誤解了這一點，以為成為超人就是變強，所以刻意虛張聲勢。虛張聲勢的行為，是軟弱的證明。因為軟弱，才刻意「裝出很強的樣子」。

凡太在女性面前刻意表現得很堅強。結果卻連自己到底要追求什麼都搞不清楚。如果凡太能坦然做自己，或許周圍的女性當中，會有人能給予他母愛。

長期缺乏母愛，對男性而言是致命傷。也因為如此，許多男性都在人生的路上受挫。

從小在缺乏母愛的環境下長大的人，等於少了生存的基礎。

像凡太這樣的人，只懂得針對一件事埋頭努力。這樣的性格會讓他們顯得與一般人格格不入；一般人毫不以為意的日常生活，在他們眼中，卻成了必須費盡力氣，想辦法克服的問題。

舉例而言，據說精神官能症患者的特徵之一是「討厭規則」。

以學校而言，早上八點到校是規則。假設學校規定即使今天是假日，但還是要在早上八點到校。一般人可以毫無困難的遵守這個規則，而且內心也不會感到任何衝突與矛盾，只是單純遵守這個規定。

遵守規則並不會讓一般人產生「自己受到束縛」的感覺。一般人只是單純照著規則辦事，完全不以為意。就像為了準時搭上八點的車，只要時間差不多了，就會走到車站一樣。

一般人不會對規則過度反應，產生「自我受限於框架」的感覺。遵守規則幾乎是一種下意識行為。

但是有精神官能症的人做不到。要他們遵守規則，會引起內心的糾葛與矛盾。「為什麼要遵守？做這種事有什麼意義呢？」他們會心生抗拒「我不想要被這樣的框架束縛。」

換言之，一般人不以為意的事情在他們眼中變成了大事。

雖然以此將之相提並論並不是完全貼切，但凡太唯一知道的生活方式就是努力去克服一切。換言之，他缺乏生存的基本能力，所以只知道努力這條路。

具備生活基礎能力的人，就像生活在有空氣的地方。

呼吸不需要任何努力。但念書就另當別論了。更不用說，如果是為了靠運動競賽得獎，那就更需要拼命練習，全力以赴了。

但是，缺乏生活基礎的人，第一步必須從製造空氣開始。一樣是努力，缺乏自我和擁有自我的人所做的努力並不相同。因為兩者所需要的努力不一樣。若要舉例說明，或許以下的說法並不完全貼切，但我想各位應該比較容易理解。

擁有自我的人，身體由自律神經和他律神經掌控（註1）。相反的，沒有自我的人，就好像缺乏自律神經。有自我的人，即使不努力，腸胃也照常運作。不用拼命想辦法，腸胃就會維持機能。但是沒有自我的人，連要讓腸胃開始運作都需要努力。有自我的人，不費吹灰之力就能讓事情步入軌道，沒有自我的人則需要事必躬親。

所以像凡太這樣的人，不論做什麼事都只能努力，努力再努力。不可能期待事情能水到渠成。凡事都要努力才能讓事情運作起來。

但如果付出努力卻看不到效果，這些人就會失去動力，轉為自暴自棄。同時也失去責任感。一心只想著輕鬆過日子就好。

當他們對外界的世界出現了隔閡感，也會開始出現「獨善其身」的想法，放棄努力。

擁有自我的人，即使什麼事都不做，水還照樣從上往下流。但是沒有自我的人，如果不靠自己努力，連讓水從上往下流都辦不到。

世界上存在著某些像凡太一樣，面對每件事都需要靠自己努力去解決的人。

這些人每天只知道拼命努力，努力到額頭都露出青筋。「努力」是他們唯一生存方式。

但是，一旦努力的結果不盡人意，他們就會產生「努力也是白費」或是「這些和我無關」的念頭，藉此逃避現實。

不過，有些人能夠輕鬆哼著歌，看似不必費力，也能順利走度過人生。這些都是具備生活基礎的人。

即使事情的發展未如己意，他們也不會說出「活著真沒意思」「我不想當什麼偉大的人物，只要自己過得好就好了」這類自暴自棄的話。他們會更坦然面對自己的情緒。

即使自己什麼努力都沒做，腸胃照常運作；即使不努力，呼吸照樣維持。過得天經地義，理所當然。不需要付出努力。

雖然不是百分之百，但有自我的人和沒有自我的人，差異就是如此明顯。

有自我的人，難以想像沒有自我的人，竟然過著如此辛苦的人生。

凡太真正需要的努力，是培養自我的努力。為了培養自我，他首先必須仔細思考，要和什麼樣的人來往才會對自己有幫助。

受挫的人們常會誤交損友。

例如同樣沒有自我的人聚集一堂，到處創立帶有宗教色彩的修行團體。透過這樣的活動，讓他們產生一股「我們很神聖」的氣氛。

或者是同為敗犬的女性齊聚在一起，形成彼此互相安慰、取暖的集團。

「我不需要那種東西」的說法，是為了減輕心理負擔。組織小團體的目的也只是為了說別人壞話。

這些人的行為等同於飲鴆止渴。雖然當下立刻變得輕鬆，但最終目的地卻是地獄。好比大家一起對老師直呼「先公（日本學生侮辱老師的叫法）」時，雖然覺得大快人心，殊不知前方是一片黑暗。

總而言之，自己和別人往來，只不過為了守護根本沒有自我的自己。

即使百般煩惱，還是在隧道的盡頭看不到光亮的人，便可能走上飲鴆止渴的路。

不論再努力，還是無法活得輕鬆的人，原因在於努力的方向錯誤。

如果像凡太一樣，只會繼續喊著「加油、我要更努力」，最後會被辛苦壓垮，導致精神出現更大的問題。

凡太需要的是仔細思考「我真正需要的是哪一種人」「我是什麼樣的人」，還有釐清「我真正想追求的是什麼」。

努力當然也很重要，但自己也必須反省與分析，是否不必努力到這種程度也過得下去呢？

肯努力、不怕吃苦當然是成功的必備條件，但培養出不覺得辛苦的自己也很重要。像凡太這種類型的人，比別人加倍努力。但是卻從未想過要如何努力，才能以減輕自己的壓力。

即使受了傷，也能維持心情平穩的修行固然重要，更重要的是想辦法培養出不會輕易受傷的自己。

聽到同樣一句話，有些人會覺得受到打擊，有些人則否。

現在的日本人明顯分為兩種人。一種是努力過度，另一種是毫無努力，明明沒有開悟，卻裝成開悟的人。

註

1 相對於自律神經的神經，由大塚將俊提出。此處的「自律神經」和「他律神經」並非醫學上實際存在的神經，而是哲學中的「自律」和「他律」。

CHAPTER 6

不要在戀愛中委曲求全

好的戀愛，是不需要偽裝自己的戀愛

有些人在談戀愛的時候會說「你愛的不是真正的我」。目的是藉由貶低自己以得到對方的愛。

貶低自己的人，其實想藉由自貶來提高自我價值。為了提高自我價值，最簡單的方法就是貶低自己。但是這招通常無法見效。

唯一的效果是引起對方的反感。

自我評價低的人，不相信別人對自己的讚美。他們雖然很想相信，卻還是無法照單全收。他們貶低自己是為了確認讚美的可信度，或希望能聽到對方再說一次。為了達到目的，他們會變得很煩人。

如果相信對方的話，沒有道理要對方再說一次。應該會直接表現出喜悅。他們雖然覺得開心，但還是無法置信，所以有些人聽到讚美後，會像是在找碴一樣，再加一句「沒這回事」。

找碴的下場當然是被討厭。女性也是一樣。總是蔑視自己的女性如果被男性稱讚，她也會說出「你對每個女性都會這麼說吧」等討人厭的話。

受到讚美時，每個人的心裡會很高興。尤其是蔑視自己的人，開心的程度明顯超過一般人。但是，這些人無法相信別人是真心讚美，才會表現出惹人厭的態度。

雖然否定對方的話，但卻比任何人牢記這些讚美。

事實上，若想擁有開花結果的戀愛，最重要的條件是「坦率誠實」。如果能夠做到「坦然接受讚美，表現出喜悅」，將有助戀愛的開花結果。

坦率表現出自己的感覺，會讓人對你產生好印象，覺得「那個人給人的感覺很不錯」。

之所以用惹人厭的方式回應，例如「你對每個女性都會這麼說吧」，目的是不希望別人覺得自己是個「厚臉皮的女性」，也是因為不希望被別人覺得自我感覺良好。

總而言之，之所以講出討人厭的話，理由其實是不希望討人厭。但是抱著不想討人厭的想法待人接物，卻反而不受歡迎。

坦率表現出自己的感覺，有助加深戀愛關係。

所謂的誠實坦率，就是當對方做出自己不喜歡的行為時，能夠告訴對方「我不喜歡你這麼做」。

但是說起來簡單，做起來很難。

因為對方做出表現不合預期的行為時，人很容易發怒。

但是又不能直接表達出怒氣。

就算想辦法壓抑怒意，告訴自己「只是小事，算了吧」，怒氣終有爆發的一天。

《啊啊，青春》一書中，有一幕描寫主角歷經失戀和落榜的打擊，自殺未遂之後的場面。

「凡太不住的打顫，眼淚像斷了線的珍珠直流。手抖個不停，連把手放到桌上都沒辦法。牙齒打顫，連話都說不清楚。凡太嗚嗚咽咽的哭了起來。眼淚流進了口中，整張臉都被弄得溼答答。

凡太一直強忍著不想哭出來，一再忍著，但最後眼淚還是決堤了。他哇的哭出聲來。

『我還活著，我還活著。就算被全世界的女性拋棄了，我還是活著。即使被全世界的男性背叛，我還是活著』」。

主角凡太的精力被虛張聲勢的生活方式消磨殆盡。懷有自卑感的人，一旦談戀愛，都會在戀人面前虛張聲勢。結果被無法坦然做人的自己搞得筋疲力竭。

「凡太還不知道，如果抱著這種想法過日子，不論輸贏，他的人生都充滿不幸。不管合格還是落榜，人只要盡力就好。只要遇到願意和自己一起走下去的女性就該知足。自己盡力去做，不要在乎別人的眼光，好好過日子。不論被哪個女性瞧不起，還是被哪個朋友背叛，只要找出最符合自我性向的路，一步步走下去就對了。不論成功或失敗，都無須太過介意。只要盡力就好了。總之，不要在意別人的想法，只要朝著自己的目標走下去就好了」。

以上節錄自《啊啊，青春》的一節。

只要坦率的表現出真正的自己，和願意接受自己的人談戀愛就行了。唯有如此這樣的戀愛才會讓心安定下來。如此一來，談戀愛才能促成心理成長。

這就是所謂開花結果的戀愛。

在青春時代，只要想著如何磨練自己就好了。

青春時期的精力要往外消耗。

即使現在失敗了，往後也會遇到能夠坦誠以對，老實告訴說出「我失敗了」的女性。如果遇到這樣的對象，自己不必急著挽回失敗，也不必替自己找藉口。

談這樣的戀愛，你可以大方地告訴對方「這就是我」。同時也不會像凡太一樣，被內心的糾葛苦苦折磨。

成為可以坦誠缺點的人

凡太的秘密是家人曾發生過醜聞。但是他無法向女友啟齒這件事。

「凡太希望擁有一個能溫柔撫慰他的情人。

但是，他實在無法向青里洋子傾訴這件事。因為他覺得如果告訴她，她就會離開自己了。

如果因為這點事就會被嚇跑，不如讓她離開算了。雖然這麼想著，但是凡太的心靈還沒有強大到可以處之泰然的程度。

如果是歷經幾次被人背叛而跌落谷底，再慢慢一步步爬起來的男性，應該能若無其事地向女友坦白吧。但是凡太還沒有淬鍊到這個程度。」

以上是《啊啊，青春》的一節。

前面提到的「說出那件事」，就是凡太的家人發生醜聞的事。

總而言之，凡太無法向女友說出自己的弱點。

像凡太這樣的青年，非常恐懼遭到背叛而跌落痛苦的深淵。所以不論做什麼事情，他都是半調子。其實他只要向對方老實說出自己的弱點，告訴她「即使如此我還是喜歡你」就好了。但是對方的反應可能是「我喜歡別人多過喜歡你」或者是「你這個人太蠢了」，最後把自己甩掉。

即使這不是你想要的結果，但你可以藉此知道自己在對方心中的份量，也一併看清對方的本質。光是掌握這兩點，就是很大的收穫了。

年輕人討厭失敗。但是失敗也是一種經驗。失戀也是一種經驗。

像凡太這樣的年輕人，想法過於狹隘，自以為「向對方坦白才是真愛」。

有些年輕人對愛的定義很狹隘，只有「如果不坦白自己的弱點，就不是真愛」或者「如果不說就不是愛」。或許這就是青春。

真正的大人，是如果對方主動詢問，就願意坦誠相告原本讓自己難以啟口的事，但如果對方沒問，而是自己主動開口，就不會被認為是愛的表現了。總之，何時坦白很重要。

每個人與別人往來時，都帶著某些難言之隱。

當然年輕人也深諳這一點。如果看到朋友在喜歡的人面前虛張聲勢，大概也會勸對方「別這麼做比較好」吧。但一旦自己成了當事者，也會不自覺的「在喜歡的人的面前虛張聲勢」。

凡太因為家族發生醜聞，動了想和情人分手的念頭。為了這件事，他向好朋友尋求意見。

「你別一直說喪氣話嘛。」

「我在想要不要和青里洋子分手。」

「你應該做的是相反的事吧。你現在更應該向她坦白，請求得到她的愛吧。」

「但我覺得我只會給她帶來麻煩。她不應該和我這種人在一起。」

「笨蛋，所謂的愛情不就是這回事嗎。給對方添麻煩，反而會讓她覺得高興呢。這就是愛啊。」

「就算你這麼說，唉……」

「我覺得只要想到是為了心愛的人，就算是痛苦，也不覺得痛了。我講的是最理想的情況，難道青里洋子不是這種人嗎？」

「我覺得她是啊，但心裡總覺得不踏實。」

「你只是無謂的自尊作祟吧。連對自己喜歡的人都要虛張聲勢，你會不會太蠢了？」

「我自己也知道這樣很蠢。」

「你要對誰虛張聲勢都沒關係。但是唯獨對青里洋子，別再打腫臉充胖子了。」

「但是，我們也還沒有向彼此表白我喜歡你。」

「什麼話，你們互相喜歡已經是既定的事實了。上次去海邊的時候我不是也告訴你了嗎？青里洋子在等你開口，等你開口說喜歡她。」

「……」

凡太覺得很開心。

如果我照勇次所說，向青里洋子全盤托出，她應該會高興，也應該會很感動，感動我願意把這麼私密的事情都毫無保留的告訴她。青里洋子不是會為了這點事就退縮的女孩。如果她因為這件事而退縮，那就算了。雖然我不覺得青里洋子是這樣的女性。

凡太聽了勇次的話，開始動念要把所有的事告訴青里洋子。勇次又補了一句。

「你現在需要的人不是我，是青里洋子啊。」

「才不是這樣呢。如果沒有你，我早就撐不下去了。」

兩人置身在闇夜中靜默無語。凡太感受到勇次的珍貴友情，獨自流下眼淚。為了不讓勇次發現自己在哭，他偷偷的轉身，擦掉眼淚。

凡太覺得只要和勇次在一起，不論情況再糟都撐得下去。唯有勇次的友誼讓他沒齒難忘。置身在漆黑之中的凡太，抬頭凝望著上方，在心中暗暗發誓。

只要向對方坦誠，戀愛就能開花結果。

但是有自卑感的人，無法向別人坦誠以告。

因為自卑感作祟，只能眼睜睜「錯過機會」。

凡事講究的是時機，每件事都有「現在應該去做」的時候。戀愛也有其時機。

戀人的母親對凡太說，她希望凡太能成為女兒有心事時，能夠商量的對象。

但凡太很介意的一點是，自己只是重考生，還不是個能夠獨當一面的男性。

「凡太啊，如果你現在已經是可以獨當一面的男性，你大概會抬頭挺對她母親說：

以後不論有什麼事，請和我商量。可惜你現在還不是」。

想法和凡太一樣的年輕人常常會錯失機會。如果抱著和凡太一樣的想法，將永遠和機會擦身而過。

不論當時的自己處於何種狀態，只要對方需要的是你就夠了。等到出社會，說不定對方已經不需要你了。

抱著和凡太一樣想法的年輕人，很難看準時機。比方說有人抱著「如果我有一百萬就可以做這件事」的想法。但是，等到他賺到這一百萬，他已經錯過做大事的時機了。

換言之，等到萬事俱備，但時機卻早已溜走。抱有上述想法的人，注定只能擁有這樣的人生。

如果抱著「我現在是重考生，不能戀愛；我現在薪水太少，還不能結婚」之類的想法，那麼永遠都結不了婚。不如先結婚，靠著現有的薪水過日子就好了。

「房貸的負擔減輕之前都不要生小孩」這樣說的人，永遠都抱不到自己的小孩。人不需要勉強自己追求富麗堂皇的豪宅。

說「我現在不能出國玩，除非等到我升到社長」的人，在躺進棺材之前，大概一次也沒出國玩過。

如果謹守著日本在二戰時期的標語「在勝利之前都要克制慾望」，日後的發展大概也和戰敗的日本相差不遠了。

我們不該忘了「現在就是時候」這句話。若只抱著以後要出本好書的念頭，這本書永遠也出不了。如果想出書就立刻去做，即使只能做出符合現有能力的成品也沒關係。

抱著「等到哪天我有錢，就帶全家出去旅行」想法的人，這趟旅行永遠沒有成行的一天。

等到你賺到錢，說不定孩子已經長大到不願意和父母出遊的年紀。說不定他寧願和朋友出去。

只要起心動念，就立刻出發吧。即使只能來趟預算不多的家庭旅遊。只要不過度鋪張，應該還是有預算來趟小資旅行。為了愛慕虛榮所花的錢，在日本多到數不清。

有些女性抱著「如果我長得更美，我一定對他投懷送抱」的想法，但實際上卻永遠裹足不前。

像凡太這樣的年輕人，老是抱著「只要我從有名的大學畢業就萬事順利」的想法。「如果能隨心所欲就好了」是凡太這類的年輕人最常見的思維。

事實上，他們寄望的一天永遠不會到來。因為像凡太這樣的年輕人，最關心的是能快速療癒心靈的方法。

即使戀愛不成功，還有下次

就故事的發展而言，原本喜歡青里洋子的凡太，後來戀上了黑沼由美子。最後，本書就在凡太與黑沼由美子的戀愛破局畫下了尾聲。

凡太只要身邊沒有女性就活不下去。他之所以戀上黑沼由美子，理由不過是她剛好出現在他眼前。這種得過且過的態度，以長遠的眼光看來，會成為凡太的致命傷。

這種流於安逸的心態，從第三者的角度來看，實在太不可取。但是這種飢不擇食的態度，正是患有愛情成癮的人的重要心理特徵。

凡太的心中不存在理想的女性形象。只要眼前的對象對自己溫柔，他就會喜歡上對方。

不知道愛人為何物，只要求對方愛自己的人，注定迎接悲慘的命運。

凡太也不知道自己希望從女性身上尋找什麼。他完全處於被動的狀態。從不主動採取行動。原因在於凡太不曾被愛，所以唯一的渴望就是被愛。

簡單來說，他對愛情過於飢渴，導致自己無法主動採取行動。

愈是不被父母關愛的男性，愈想誇耀自己的異性緣。他們會為了受女性歡迎而努力。愈是不被父母關愛的男性，愈擅長贏得女性的芳心。

生命是上天賜予的寶貴之物，有人卻如此白白糟蹋了。賢人與愚人的差異為何呢？兩者的差異在於對時間的運用方式。

小時候從父母處得不到關愛的人，最大的渴望是有人能需要自己。

不被父母關愛的男性，不把自己主動追求女性視為價值所在，而是把受到女性追求視為有價值。

至於對象的選擇則是「就地取材」，只要遇到當時對自己溫柔的人，就會輕易喜歡上對方。結果等到年華老去，身邊卻連一個值得信任的人都沒有。

從小生長在被愛的環境下的人不會犯這樣的錯誤。因為他們能夠看透某些人說的不過是社交辭令，不是真心話。

當情人表現得冷酷時，自己也會變得冷酷。

只要能夠發現這一點，即使這次的戀愛破局，下次的戀愛終究會開花結果。

俗話說失敗為成功之母。

使人成長的戀愛，即使失敗了，也並非一無所獲。

「凡太還是沒有勇氣對青里洋坦白出自己的一切。應該說，他最不願意坦誠以告的對象就是青里洋子。

如果雙方都是心地善良的人，毫無保留的向對方坦承一切，對雙方都是好事，可以提升彼此的親密度。不論在何種情況下，對人際關係都是一種利多。但如果對心地壞的人誠實以告，等於主動奉上供對方勒索的材料。

可惜的是，年輕人面對心愛的人，會將自己藏得更隱密。即使巧妙的把自己裝成另一個樣子，對兩人的關係絕對是有害無益，但年輕人就是忍不住會在戀人面前吹噓自己。為了吹噓，甚至不惜說謊。但對象如果是自己沒興趣的人，就可以在對方面前展現真正的自我，也不會自吹自擂。總之，唯獨面對自己最重視的人，卻一再自我吹噓。而且在自我吹捧的時候，也不曾考慮到聽者的心情，壓根不知道這些虛張聲勢的話讓對方聽了有多麼不舒服。

有時候，這些自我吹捧和自我包裝會成為扼殺這份純愛的兇手，但兩人還是繼續在對方面前營造美好形象。兩人不把精神用於努力磨練自己，而是包裝自己。如果自己包裝的假象被對方戳破，就會立刻勃然大怒。

不僅如此，還下定決心從此將對方拒於千里之外。不論吃了多少苦頭，歷經多少悲慘境遇，這種人還是繼續在對方面前包裝自己。而且包裝的程度更勝以往。」

上述文章也是節錄自《啊啊，青春》。

凡太是如此解釋人的心理。但實情果真是如此嗎。必須先包裝自己才能示人的人，到底實際上是什麼樣的人呢。不論是包裝自己的一方，或者讓對方覺得必須包裝自己的一方，都有心理上的問題。

文中寫著「這些自我吹捧和自我包裝會成為扼殺這份純愛的兇手，但兩人還是繼續在對方面前營造美好形象。」

這種行為只證明了「那不是純粹的愛」。那不過是兩個喪失自我的人之間的「愛」。兩個不斷自我包裝的人雖然在一起，但彼此並不是真的相愛。

他們愛的不過是對方具備的條件。例如平步青雲的際遇、美貌、人氣等。雙方不過是互相受到彼此的優勢所吸引。

換言之，自己誤以為愛的對象，其實只是用來滿足自我的工具罷了。

這不過是一段彼此靠謊言維繫的戀愛關係。當無法再靠著謊言維持自我意象時，恨意便油然而生。

如果雙方都已經完成自我實現，談戀愛時就不必營造假象。能夠向對方坦誠以對才是愛。在對方面前，能夠抱著「不必對這個人有所隱瞞」才叫愛。

想要吹噓自己的時候，心中感受的不是愛，而是敵意和自卑感。

貧窮的青年愛上富家女時，為了自抬身價而吹噓自己。

因為覺得以現在的模樣示人很不自在，人才會開始自吹自擂。

能夠生活在現實裡才是愛。正因為自己窮，還能想到有緣能認識對方，才表示你是真心愛著對方。

年輕人為了被愛，覺得自己不能有缺點；覺得自己一定要表現得比其他人優秀。但事實上剛好完全顛倒。

陷入愛情的年輕人，總覺得自己的女友勝過其他女性。相對的，陷入愛河的女性，也會覺得自己的男友比其他男性都優秀。

所以，為了匹配得上對方，雙方產生了自己必須比其他同性優秀的錯誤認知。

而且雙方對彼此互相產生了「誇大的心理」。也就是「陷入愛情的年輕人，總覺得自己的女友勝過其他女性」的心理問題。

同時，自己也出現了「如果自己的女友沒有比其他女性優秀，就覺得不是滋味」的心理。這是因為和「比其他女性都優秀的對象」交往，可以達到自我滿足。

他們希望和自己交往的人，會是大家露出欣羨眼光的對象。但是，自己也會產生如果沒有「比其他男性優秀」，會被對方拋棄的恐懼感。

如果演變成這樣的戀愛關係，對雙方都太辛苦了。

所以戀愛才無法開花結果。

事實上，會談這種辛苦戀愛的，都是帶有精神官能症傾向的人。

會有希望自己「比別人都優秀」的想法的人，基本上就不正常。展開交往之後，唯一的辦法就是虛張聲勢，讓自己看起來比實際上更優秀。

以這種方式經營感情，當然不可能修成正果。

這種情況就像下章提到，安徒生童話的「雛菊」這個故事中，出現的鬱金香、芍藥、玫瑰。

持續隱藏「真實的自己」，直到閃電離婚

某個人為了讓大家享用美味的料理而動手做菜。他把做好的料理送到大家面前，對眾人說「大家一起吃吧」。雖然他說了「別客氣，請開動」，但沒有一個人立刻舉起筷子。大家都很客氣。看到大家遲遲都不開動，這個做菜的人不禁變得焦慮。因為大家都不希望被人批評「你真貪吃」，才會遲遲沒有下箸。但做菜的人討厭由自己領頭第一個開動，而且他也懷疑對方是不是真的喜歡自己做的事。

他很不耐煩的開口催促「請大家快吃，不然菜都涼了」，希望大家會照他的話做。這時，這個做菜的人，說不定心裡暗自抱怨「這群人真不識相」。或許他的態度會從客氣轉為發火「趁熱吃不是很好嗎」。結果只是讓賓主都無法盡歡。

做菜款待的一方，心裡也會覺得非常惋惜「真可惜沒辦法在最好吃的時候享用」。接受招待的一方，則是心想「這下就可以放心吃，不會被人說閒話了」。

賓客之後的互動會有何變化呢？請客的東道主一定覺得「這群人真是難伺候」。

所以這批客人不會有下次受邀的機會。下次沒有受邀的一方，心裡會怎麼想呢？他們也會覺得不痛快「我已經很給你面子了」。

雙方的共通點是「想要討好別人」，但都卻弄巧成拙。他們顧慮的不是對方的感受，而是如何營造出「優雅」的自我意象。

用「請慢用」「謝謝」坦率回應對方的好意，是最討喜的回應方式。但是，擔心引起對方反感時，反應會慢半拍，無法即時回應對方的好意。

不僅限於戀愛關係，人緣好的人，大都反應誠實坦率。

從這個角度而言，顧慮「會不會引起反感」時，反而更容易惹人厭。而且，顧慮「會不會引起反感」時，戀愛大多凶多吉少，無法開花結果。

總而言之，因為對愛情的飢渴、獨佔慾作祟或害怕被人討厭等，一心只想討好人的行為，反映出「沉重的心理壓迫感」。

相對而言，有無情緒尚未成熟的問題，對戀愛開花結果是極為重要的關鍵。

情緒尚成熟的人，心理較沒有壓迫感。相對的，情緒尚未成熟的人，心理壓迫感很沉重。

和他接觸的人，也會從他身上感覺到一股沉重的壓迫感。

「『付出』是一項愛人的能力，與當事者的性格發展程度息息相關（註1）」。

換言之，情緒還不成熟的人，沒有愛人的能力。

大家都會說事業失敗的人「缺乏做生意的能力」。姑且不論這樣的評論是否正確，這樣的解釋是根據某項基準。但是，卻沒有人說過失戀的人是因為缺乏愛人的能力。

想法積極正面的人，在戀愛和工作上的表現也是如此。

對某些事物產生依賴或上癮的人，無法體會生命的樂趣。不論工作、休假、戀愛、吃東西、和別人相處，通通感受不到樂趣。

為什麼無法樂在其中呢？

因為自我實現和自我完成都付之闕如。

對想法積極正面的人而言，付出是潛在能力的最高表現。

但是，想法消極的人不可能某天憑空變得積極。心態的轉變，需要一段時間。

如果失戀是讓心態轉為正面積極的契機，那麼這段失戀便可將之視為開花結果。

情緒尚未成熟的人，很害怕「被人討厭」。為了避免這一點，不斷隱忍自己的怒氣。

雖然實際上他們比一般人更自我中心、任性，但是在人際關係上，態度卻表現得比一般人客氣。

因為他們害怕任意行事會引起別人的反感。

他們願意對別人退讓，並非出於自體貼，而是害怕被人討厭。本意是想要讓別人喜歡自己。

另外，他們也擔心一旦自己的真面目被對方識破會惹人討厭，所以絕對不在人前展現真正的自我。換言之，他們不會對任何人敞開心門。

無法在人前表現真心，心中的不滿當然會愈積愈多。

總結而言，他們害怕被人討厭，所以克制自己的任性。為了贏得別人的好感，在人前表現出來的自己並非真實的自己。

自己瞧不起自己的人，為了贏得別人的尊敬而卯足全力。

因為隱忍所累積的滿肚委屈與不滿，必須找個對象發洩。

閃電離婚就屬於這類的發洩手段之一。

在踏入結婚禮堂之前，為了討對方歡心，有一方一直在隱藏真實的自我，對對方的言行舉止忍氣吞聲。

但一旦結了婚，立場便完全顛倒。一直扮演雙面人的一方，態度出現逆轉，開始把對方當作出氣筒，發洩從別人身上受的氣。

也就是說，結婚是雙方立場調換的轉捩點。長期不得不隱忍的一方，現在變成會把伴侶當成出氣筒的人了。

這種情況和即使長大成人，心態還是停留在兒童的「彼得潘症侯群」如出一轍。在人前擺出好人的臉孔，但卻把氣出在親密的伴侶或配偶身上。

即使經由戀愛結婚，看似感情開花結果，事實上並非如此。

他們無法理解表現出真實的自我，反而會受人喜愛與尊敬。原因在於他們並非真心喜歡與尊重對方。即使自以為尊重，其實不過是出於恐懼。

他們無法想像，若要得到別人的喜愛與尊敬，並不需要刻意做什麼特別的事。無法理解這一點，就是他們會面臨悲劇的主因。

就算靠著自己塑造的假象，成功贏得別人的喜愛與尊敬，大家尊敬的對象不過是假象。這樣的尊敬很膚淺，絕對不是發自內心的深沉敬意。

當一個人瞧不起自己時，就算對方欣賞的是真實的自己，他卻會不敢置信。

明知對方欣賞的是真實的自己，卻拼命隱藏真實的自己。

殊不知「毫無掩飾的自我反而受人歡迎」。如果無法理解這一點，戀愛就不可能開花結果。

結婚看似戀愛修成正果的象徵，但如果以閃電離婚作收，所謂的開花結果，只不過是一場空。

有些人在形式上仍保持婚姻關係，感情上早已離婚。即使是先戀愛再結婚，這樣的戀愛也不算開花結果。

看不清對方，只因「想被愛」

戀愛無法善終的人，基本上就和個性害羞的人一樣，懷有一種恐懼感。這種人害怕被別人否定，也恐懼被人拒絕。因為受到否定和拒絕會使他們感覺受到傷害。被別人討厭，還有被別人否定，對他們而言是一種嚴重的傷害。

從另一面而言，容易受到傷害和對人產生恐懼感是一體兩面的事。據說執著心強的人，煩惱的根源是不安與緊張。換言之，執著心強的人，也有容易受傷的一面。

所謂的防衛姿勢，就是為了避免受傷的自衛姿勢。但這也表示會擺出防衛姿勢的人容易受傷。

會擺出防衛姿勢的人，每個都是以自我為中心。他們為了避免自己惹人厭而卯足全力，絲毫沒有替對方著想的空間。

缺乏自信的人，一心只想著要贏得尊敬與喜愛，根本擠不出一絲心力去理解對方。換言之，他們沒有多餘的心力去理解對方感受與對方在想什麼。

缺乏自信的人，一心只想著如何讓對方喜歡自己，所以會在言語上討好對方。但是，一心只想著討對方歡心而講的話，常常反而使對方受傷。原本為了向對方表示尊敬而講的話，也常常適得其反，讓對方感覺受到傷害。

缺乏自信的人，講出來的客套話了無新意。

例如他們只會讚美對方的家庭或事業上的成就。但是，如果對方剛好和家人的關係水火不容，這些讚美只會讓人覺得刺耳。

只要有心去想了解，這些都是不難掌握的資訊。但是缺乏自信的人，沒有餘力做這些事。

不論對方是以自己的家人為恥，還是引以為傲，他們都用同樣的客套話讚美對方的家庭。

缺乏自信的人，並沒有把眼前的對象當成「獨立的個體」來看。而是把「既定形象」套用在對方身上。

舉例而言，不能貶低對方的家人，是人際關係中約定俗成的規矩之一。缺乏自信的人，雖然謹記住這項原則，但不知變通，只會把這項原則套用在每個人身上。

日本的俗諺說「說法也要看對象」。但是，缺乏自信的人，對眼前的對象可說視而不見。

戀愛時，如果也是以這種態度對待對方又會如何呢？無庸置疑的，戀愛註定是無疾而終。

他們老是做惹對方生氣的事，但對方希望他們做的事卻一樣也辦不到。

但他們自認自己做的都是會討對方歡心的事。

他們一心以為自己講的都是會討對方歡心的話，其實都是對方很厭惡的話題。

因為內心的各種恐懼作祟，導致他們必須常常壓抑自己。被壓抑的情緒會投射在別人身上。還有許多不滿也會被他們投射在對方身上。

例如對方明明沒有覺得不滿，他們卻覺得對方露出不滿的表情。

因為害怕對方不滿，變得隨時要窺看對方的臉色。會這麼做的人，大多錯誤解讀對方的心情，以為對方在生氣。

對方明明沒有生氣，這些人卻覺得對方在發脾氣。對方明明沒有覺得不愉快，會窺看對方臉色的人，卻覺得對方的表情看起來心情不佳。

尤其在雙方分開時，更容易產生誤解。和兩人在一起的時候相比，與對方分開的時候更叫人不安。由此可見這些人窺看對方臉色的程度是多麼嚴重。當自己不安時，就把理由歸咎於對方沒給自己好臉色看。

了解對方的言行動機

對自己打下的負評，會演變成自責。

別人一生氣，這種人馬上以為對方是對自己發火。因為他們把別人生氣的原因與自己的弱點結合。所以他們會產生別人對自己生氣的錯覺。

自我評價高的人不會用這樣的角度看待事情。即使對方生氣，他們也不會覺得對方是針對自己，或者有責怪自己的理由。

缺乏自信的人很不幸。

即使對方完全出於好意，缺乏自信的人也會將之解釋成負面意義。

舉例而言，某段戀愛歷經下列的過程，一步步走向崩壞。

這段戀愛由女方起頭。有一次，約好要見面的當天，剛好她的某個遠親家裡發生喪事。

就時間的安排而言，她其實可以從容赴約，和男友享受甜蜜的約會。

但是，她想到得穿著參加葬禮的衣服赴約，就覺得興致缺缺。

理由是她擔心以這套服裝和男友約會，會把穢氣轉移到對方身上。

所以她回絕了約會。雖然她推掉了約會，但她也告知男友「如果你覺得沒關係，我們的約會就照舊」。

但是，缺乏自信的男友卻心存芥蒂，不能接受這套說法。他認為對方回絕約會的理由是不喜歡他。

她的本意是想赴約，但是想約會的念頭和顧慮對方的念頭在心中拔河；最後，顧慮對方的想法戰勝了思念之情，所以她選擇忍痛放棄約會。

但是缺乏自信的男友，卻不能接受這樣的說法。他沒辦法把對方的說法當作是「對自己的體貼」。他覺得自己被拒絕了，所以覺得很受傷。

因為這件事，兩人的關係起了嫌隙。男友每次都把她講的話往負面方向解釋，最後兩人分手了。

直到最後，他還是覺得自己被女友傷害了。

但實情並非如此。他會這麼想，不過只是把對方講的話和展現出來的態度，都解釋成看不起自己的表現。

如果我們把置身於同樣的情況，能夠理解女友的做法是出自於體貼的人，視為已完成自我實現，或許聽到女友回絕約會的理由，還會因為對方深愛自己而感到開心呢。

一樣遭到對方拒絕，否定自我的人覺得自己受到傷害，但肯定自我的人不但不覺得自己受到傷害，還因此而感動。

男方和她分手，之後雖然又和別人交往，但戀愛都無法長久，沒有開花結果。原因不言而喻，因為他總是把對方的話往壞的方面解釋。

男方已經過了四十歲還是孤家寡人。

但他並非生來就註定得孤獨度過一生的命運。他之所以只能與孤獨為伍，問題出在他的自我蔑視。如果他能夠用積極的眼光檢視自己，想必他的人生一定大有不同。

自我蔑視的人，為了保護自己就已筋疲力竭，毫無餘力去理解對方。就像前述，光是為了保護自己就費盡心力的人，大多傾向以自我為中心。

以這位男友而言，他的問題也出在於無法了解對方的真正心意。這段感情結束後，他又和其他女性交往。

交往了一陣子之後，他約女方一起去旅行。起初女方拒絕了。與其說是拒絕，不如說只是對方的反應不如預期；他原本以為對方會很興奮的說「太棒了」。

他深感受到傷害，以後絕口不提一起旅行的事。

他無法理解為什麼女方聽到他的提議時，沒有當場脫口說出「太棒了」。

女方的自我防衛意識很強，當然也有自己的考量。她很懂得「自我保護」，所以不論誰來邀約，她都不希望自己被當作很隨便的女性。說穿了，她只是裝腔作勢罷了。

另一個原因是，她很看重兩人這段感情。

所以她不希望操之過急，以免葬送了這段感情的未來。她害怕這段感情受到破壞，所以沒有答應這趟旅行。

事實上，這段戀愛並不是她的初戀。之前的男友也曾約她一起旅行。那時候，她沒有考慮太多就答應了。

沒想到對方卻對她說「妳長得那麼漂亮，有很多人追求，和我也只是玩玩吧」，讓她備受打擊。

前男友的話讓她聽了悔不當初，當天晚上輾轉難眠。經過這次不愉快的經驗，她以後再談感情就變得小心翼翼了。

缺乏自信的人，內心敏感易碎，一心只想著保護自己，無法理解對方會什麼會講這種話，也不知道對方的行為是出自什麼原因。與其說是無法理解，用沒有發覺來形容會更為貼切。

原因是他們沒有多餘的心力去了解對方言行的動機。一旦被拒絕只覺得受到傷害，一心只想著如何恢復神經質強烈的自尊心。

對方的心裡是「想去」的，只是她沒辦法馬上說「我想去」。但男友無法理解她的心情，只想著如何修復自己受傷的自尊。

為了修復自尊，男友只能擺出強勢的態度「我才不喜歡妳，沒有你我也過得好好的」，讓對方悲傷難過。不論談幾段感情，戀愛都不可能開花結果。

修正自我意象

知道自我意象和現實的自己不能畫上等號很重要。很多小時候過得不幸的人，都會描繪出否定自己的自我意象。

出生無法自己控制。也沒辦法靠自己正確理解自己是什麼樣的人。因此，從身旁重要的人對自己的反應，便成了唯一的指針。

舉例而言，孩子可以從雙親對待自己的態度，理解自己是什麼樣的人。

如果雙親沒有愛人的能力會怎麼樣呢？孩子不可能做出雙親缺乏愛人能力的解釋。所以，唯一的解釋是自己是不被愛的存在。

如果雙親有愛人的能力又如何呢？孩子會解釋成自己是被愛的存在。

於是，孩子會以這個前提進行自我意象。

相反的，有些孩子的自我意象是別人眼中的麻煩製造者。但有些孩子的自我意象是能夠帶來別人喜悅的開心果。

缺乏自信的人一定要銘記在心：真正的自己絕對不是應該被輕蔑的對象。

子女無法選擇自己的父母。換言之，如果父母是想法消極的人，做子女的也無可奈何。

遺憾的是，這類父母的孩子，自我意象幾乎毫無例外地傾向否定自己。等到長大成人，即使突然覺醒「我不能覺得自己是失敗者」也為時已晚。因為「我沒用、沒有人愛」的想法已經深植內心。

我們在不知不覺之間塑造了自我意象。

所以，為了促使愛情開花結果，能否改變自我意象很重要。

如果雙親屬於自我否定的性格，那麼孩子長大成人之後，必須針對自我價值，進行一場大變革。

把自我意象扭轉為「自己是有價值的」。

想要擁有開花結果的愛情，必須從「相信」做起。

另外，要盡量避免和對凡事持否定態度的人來往。因為和這種人在一起，唯一的改變是自信心會愈來愈低。

缺乏自信的人，記得一定要和個性迥異於雙親的人來往。

有些缺乏自信的人，偏偏擁有喜歡以恩人自居的父母，從小時候起就不斷告訴孩子「為了你我不知吃了多少苦」。

另外，或許每次的內容不盡相同，但每次告訴孩子的話的宗旨都離不了「你什麼也不會，都要我幫你做」。

就像有些「需要被需要」的父母一樣。自己被孩子需要，對這些父母而言是種喜悅。但為人父母者，不應該為了得到喜悅而害了孩子。

因為凡事替他做好，只會讓孩子自己什麼也做不好。孩子什麼事也不會做，對這類父母而言，竟然是值得高興的事。因為替孩子做事，可以讓父母藉此消除自己的無力感。

被「需要被需要」的父母養大的孩子，容易養成不論做什麼，都要別人幫忙的心態。說得明白一點，這種孩子會形成如果沒有別人幫忙，自己什麼事也做不了的自我意念。

連孩子參加旅行，「需要被需要」的父母也需要孩子主動開口，邀請他們一起同行。因為這類父母需要聽到孩子說「我沒辦法自己去，拜託你帶我去」。

所以他們會想辦法讓孩子這麼說。這麼一來，孩子真的會以為「我一個人真的去不了」。

事實上，如果讓孩子單獨成行，趁這個機會讓孩子反省父母平常的呵護，進而產生「感恩」的心也不錯。或者知道自己是備受眷顧的幸運兒。

能夠這麼想的孩子才是真正的孝順。

對個性順從的孩子而言，被父母認同是最大的喜悅。

但是對「需要被需要」的父母而言，當孩子開始思索可以靠自己做什麼的時候，等於是造反了。

如果擁有這樣的父母，孩子在成長的過程中可說毫無樂趣可言，而且也會對自己失去信心。

失去自信的人，在人生中會失去更多。對自己有信心的人，能夠獲得可能性和喜悅。

為了讓愛情能夠開花結果，必須對自己有自信。

讓自己成為能夠讓對方安心的對象

有個女性對男友說了很傷人的話。為了贖罪，她內心暗自發誓「以後決不和對方見面」。

她自覺對男友做了很過分的事，所以自認以後不和男友見面，是為了補償對方的贖罪行為。她認為這麼做對男友是一種體貼的行為。

對方並沒有受到傷害的感覺，但是女友不和他見面，他以為是因為對方討厭自己。如果女方知道了這件事，心裡會作何感想呢？她會感到不滿，因為「他居然那麼不了解我」。

雖然她的出發點是為了對方，但並不是真的為對方著想。這是只有以自我為中心的人才有的思維。或者是出於自我執著而體貼別人（看似為對方著想，其實是為了自己的行為）。

這種人不知道自己的言行在對方眼中是什麼樣子。無論如何，他們都覺得自己的動機有充足的正當性，他們只會從「我的」觀點看事情，也只會從「我的」出發點採取行動。

某位女性送禮物給心儀的男性。結果收到禮物的男性把禮物轉送給母親。這位女性知道這件事後很生氣，把禮物要回來了。

這種也算是出於自我執著而體貼別人。她覺得自己送了禮物。但是，這份禮物並不是為了讓對方開心而送，而是為了自己。她送這份禮物的念頭是希望對方對她留下好印象。

所以對方的用途一不合她的意，她立刻把禮物收回。

這種情況就像帶著超大的蛋糕送人。收到禮物的人應該覺得困擾多於開心。但是送禮的人並非為了滿足對方而送，而是希望聽到對方說一聲「好棒」。

就像聽到有人問候自己「你好嗎？」

你回答「我很好。」

不過，一樣回答「我很好」的人，每個人的情況都不一樣。或者說每個人的「心理狀態」都不相同。

例如有人怕如果自己的回答是「我生病了」，會惹對方擔心，所以回答「我很好」。

這時的「我很好」，是充滿體貼之意的回答。

另外，也有人是出於恐懼感才說「我很好」。因為如果回答「我生病了」，擔心對方可能會不高興，所以才說「我很好」。

戀愛無法開花結果的人、很像會得憂鬱症的人，不曾帶著體貼之意和人交談。

雖然他們表現出來的態度很客氣，內心總是瞻前顧後。

所以，他們基本上無法理解「為對方著想」是怎麼一回事。

即使頭腦理解了，但感情上卻無法理解。

我記得我曾讀過某位患有統合失調症的女性把手伸進滾水裡，向對方表示「你看，你看我愛你愛到這種程度」。

這位女性不知如何表達愛。

自我執著心特別強的人，表達愛意時也充滿了自我執著。

自己拚了命向對方表達愛意，但卻得不到預期中的回應。這時，她只想得到把手伸進滾水，企圖讓對方知道「你看，我是如此愛你。」

或者，有人儘管告訴對方「我連最愛的酒都戒了」，對方還是無法理解自己的心意。

對當事者而言，他想要藉由「我連最愛的酒都戒了」這句話，表達「我是如此愛你」。心態和把手伸進滾水的女性一模一樣。

但是，當事者要不要戒酒，並不是對方關心的話題。

表達愛意和自我滿足不一樣。

自我滿足的人的所作所為，和對方想要的常常是兩回事。

自我滿足的人沒有看清現實。自我執著心強的人所表現出來的愛，是一個人唱獨角戲的「愛」。

自我執著心強的人所表現出來的體貼，是為了讓對方對自己留下好印象的體貼。所以即使再努力，戀愛也不會開花結果。

有些人在約會之前會特地做便當。但是男方卻說不想吃便當。這句話聽在女方耳中覺得很傷人，心情也變得不愉快。

做便當的人是為了自我滿足而做。因為她深信親手做便當是一件很棒的事。所以做便當這件事能讓她自我陶醉。

自己的好意有時候會成為對方的重擔。想辦法讓對方安心，才是真正有誠意的表現。

如果不清楚這一點，戀愛就無法開花結果。

不了解這一點的人，常常在戀愛開始沒多久，就想替對方做件大事，期待能夠得到豐厚的成果。

其實，只要誠實對待對方，哪怕只是做些微不足道的小事，累積久了，對方也能明白你的心意。

注意彼此追求的目標

我曾翻譯《大腦型態》（註2）這本書。

書中有個案例提到了某位為情傷落淚的女性。

有位女性做了這樣的內心告白。

「我和諾亞交往的第一年，他對我的講的話，大概有一半讓我聽了都哭了。他是個非常、非常殘酷的人。」

諾亞（the knower）就是這本書的作者筆下的某一種人格。

這種人凡事要求黑白分明，無法容許有模糊地帶。不論工作或生活，他們討厭做事沒有條理，無法信任任何人。這種類型的人就像用指甲在黑板上刮出來的聲音一樣擾人。

這種類型的人喜歡發號施令。

為情傷落淚的她，沒有注意到世界上竟有這種類型的人。

她知道大腦有各種型態。換言之，她很清楚每個人都是不一樣的個體。

「他會給我啟示。他會向我下指示，告訴我該如何解決我的煩惱。在我需要幫助的時候，他永遠都會幫助我，愛我。他唯一做不到的是講出我想聽的話。所以我們還是訂下了婚約（註3）。」

容易情緒化或不明確表現自己喜惡的人，對諾亞而言在某種意義上是讓人恐懼又不愉快的存在。所以諾亞會和這類的人保持距離，最後被對方貼上冷淡、缺乏細心的標籤。

帶有自戀傾向的人，一旦談了戀愛，也常常哭泣或感到憤恨不平。憤怒的理由是「我這麼愛你，你卻不明白」。根本沒想過對方或許並不喜歡你。單方面喜歡上對方，卻無法理解對方不喜歡自己。

某個有自戀傾向的人，有天早上在某個地方等待自己心儀的對象出現。但是他的心儀對象偏偏很討厭這個自戀狂，所以不難想像，兩人見了面後自然是不歡而散。但是這個自戀狂卻心生不滿，理由是「我一早就來這裡等你耶」。因為他看不清對方的認知，腦中壓根沒有想過「對方說不定討厭我」。

有精神官能症的人，習慣把東西交給接受自己諮詢的對象。前來向我諮詢的精神官能症患者中，常常有人把隨身手帳留下來給我。我和某位知名的精神分析學者提過這件事，結果他告訴我「我也和你有一樣的困擾」。

因為這些把隨身手帳留下來的人都說「這是僅次於我生命的寶貴之物」。

你要我幫你保管你的第二生命。那請問你能幫我做什麼事作為代價？

精神官能症患者無法理解，自己把隨身手帳交給陌生人保管的行為，對當事人而言有多麼困擾。從這點也展現出他們以自我為中心的想法。

但是從精神官能症患者的觀點來看，他們則認為「我把重要性僅次於生命的東西交給你了。你要給我什麼當作回報呢？」

有時候不是隨身手帳，是日記。

想要讓戀愛開花結果的人請務必記住「對方和自己不一樣」這一點。每個人都是不一樣的個體。

對自己而言有價值的事物，對方並不一定覺得有價值。

被自己是為僅次於性命的重要之物，有可能在對方眼中除了麻煩，其他什麼都不是。

戀愛永遠無法開花結果的人，渾然不覺自己和對方追求的目標不一樣。

戀愛永遠無法開花結果的人，沒有發現彼此的心理成長階段有落差。以心理年齡而言，有可能是3歲和30歲的戀愛，但當事者卻沒有發現。

或者是你找的對象原本就缺乏愛人的能力，但你不知道。

卡倫・荷妮曾說「缺乏自信的人會破壞自己愛別人的力量」，但他們還是受到很多人追求。

親子關係和戀愛關係是兩種截然不同的關係，但很多人都不知道這一點就談戀愛。結果一方想從這段關係尋求親子慰藉，另一方則尋求戀愛關係。

雙方追求的目標不同，關係自然無法長久維持。

我在美國的時候，曾聽過「到佛羅里達滑雪」這句格言。佛羅里達不下雪，去了當然無雪可滑。

戀愛永遠無法開花結果的人，其實不就像跑到佛羅里達想滑雪的人嗎？

我年輕時讀過的《宮本武藏》，書中曾出現澤庵和尚要宮本武藏「你畫個圓吧」的情節。

結果宮本武藏很努力的畫了一個大圓。沒想到澤庵和尚卻說「你怎麼畫得這麼小。這是因為你把自己放在中心。你要帶著棒子走出圓外」。

戀愛永遠無法開花結果的人，就是以自我為中心的人。

對自己強烈執著的人，基本上無法理解什麼是「為人」。即使頭腦理解了，但情感上還是無法理解。

這類的人為了使對方對自己留下好印象，所以替對方服務或做了某些事，以為這就是愛的表現。

戀愛無法開花結果的人，永遠以自我為中心，所以不懂應該「帶著棒子走出圓外。」

即使全力以赴，還是會遇到不順利的時候。雖然心存替別人著想之念，卻受到孤立。這時，各位最好認知到：自己或許在無意識的領域上懷著一個尚未解決的大問題。因為無意識所產生的問題，會成為溝通的障礙。

沒有觸及內心深處的溝通，和無意識的不安息息相關。

人會對對方的無意識做出反應。很多人在不了解自己的情況下，做出徒勞無功的事。即使心裡想著自己的行為是「為了別人」，實際上並不是。那不過是對自己的執著，是帶有自我防衛意識的體貼。換言之，從頭到尾還是以自我為中心。

說穿了，無法激出「為了別人」念頭的人，就是戀愛無法開花結果的人。

但這些人不應該自責。

小時候得到媽媽理解的人，長大後也能對別人感同身受。

得到憂鬱症的人，很可能是自己的想法從未得到媽媽的理解。

和憂鬱症患者一樣，戀愛無法開花結果的人，也可能從未得到媽媽的理解吧。

美國有位作家曾寫下「親切的態度對做生意沒有幫助」（註4）這句話。

根據一項針對高達兩萬四千人進行的調查，其調查結果顯示工作表現中最重要的部分是conscientiousness，也就是「良心、對工作的忠誠」。令人驚訝的是，agressableness，也就是「愉快的心情、良好的感覺、親切、爽快的承諾等」，對工作幾乎沒有影響力。

工作都是如此，更別說是戀愛了。

不斷找藉口，最後失去情人的信任

憂鬱症的患者當中，有一種屬於親和型的憂鬱（Melancholic）。

這種類型的人對別人也會展現對自我執著的體貼。他們總覺得自己不如人。憂鬱親和型的人，在與父母的關係上居於劣勢。

追根究柢起來，想要取悅父母，不就是一切人際關係的起源嗎？

小時候心情總是隨著父母喜怒哀樂起伏的孩子，長大後談戀愛，也常常擔心自己會不會被對方拋棄。所以不自覺做出過度取悅對方的行為。

與其說這是愛的表現，毋寧說是出於害怕被拋棄的不安。

他們的行為並非以替對方著想為出發點，所以雖然抱著取悅對方的本意，但常常適得其反，反而違背對方的期待。

憂鬱親和型的人總覺得對情人有虧欠感。所以面對情人時，想要付出的常常超過應做的程度。

想要取悅對方的行為，是基於義務感。如果沒有順利取悅情人，他們會覺得沒有盡到自己的義務，因而感到愧疚。

換言之，如果無法取悅情人，他們就會覺得自己無法勝任女友或男友的角色。這點對憂鬱親和型的人而言，可說是人際關係的一切。

擔心被拋棄的不安和愧疚感的混合物，正是憂鬱親和型的人感到痛苦的根源。

另外，因為愧疚感作祟，這類型的人無法拜託別人。也沒辦法向別人尋求援助、提議某些事情或請求支援。

他們只能等待對方開口，主動說出自己想要的事。他們希望對方能主動開口，告訴自己「我想要這麼做」。如果對方知道這一點，就算覺得這種人「很狡猾」也不奇怪。

即使憂鬱親和型的人，有著「太有良心」的一面，但個性奸詐的事實不變。憂鬱親和型的人，會避免欠下太多「人情債」。所以他們總是暗自希望對方能趕快說出自己求之不得的提議。

舉例而言，有一對男女感情生變，雙方要分手。

女方只是一般很普通的女性，而男方是憂鬱親和型的人。

以女方的立場而言，她的想法是「直接開口告訴我不就好了嗎？」如果還要自己主動開口，不免覺得對方實在「太狡猾了」。

不過，憂鬱親和型的男性，即使只是微不足道的「人情債」也不想欠。

但是對女方而言，男友的要求並不是「人情債」。別說是情侶了，即使以一般人的眼光來看，這種程度的小事根本稱不上「虧欠」。

但是在憂鬱親和型的心目中，這樣就是「虧欠」。因為他們對「虧欠」非常敏感。他們現在已經深深為「虧欠感」所苦了。如果再添一件「虧欠」，心理負擔也會跟著增加。而各式各樣的藉口，便成為他們為了擺脫虧欠感的產物。

不論他們真正要表達的是什麼，必定出現一大段開場白。長到對方都覺得不耐煩，心裡直納悶「你到底想說什麼」。

總之，他們必須先講一大段藉口，才有辦法講出真正的提案。這一段冗長的藉口，是出自不想留下「虧欠感」的心理。

但是一般人無法理解他們為何不直接說出要求，必須拐彎抹角。

久而久之，男方在女友的心目中就是「很會找藉口，個性奸詐的人」。如果將對方解釋成這樣的人，最後選擇和分手也很自然。

如果男方一開始向女友明白說出自己的要求，這段戀愛應該不會無疾而終。因為沒有人會不願意聆聽情人的要求。

憂鬱親和型的行事風格是盡量不欠人情。但他們無法理解，不論要提出建議、向別人提出請求等，根本都不算虧欠。但憂鬱親和型的男性卻不這麼想。

對女性而言，她們不需要又臭又長的藉口。反而對方拜託自己去做某些事，會讓她們覺得開心。

憂鬱親和型的男性，不知道愛為何物。

所以他們選擇嚥下已到嘴邊的話。雖然想說卻還是不說，是為了避免向對方欠下人情。

憂鬱親和型的人，除了避免虧欠別人的傾向，同時也害怕自己成為加害者，對對方造成傷害。

《Melancholy（註5）》（憂鬱症）作者特倫巴赫有提到憂鬱親和型的人，和強迫症很類似。

在我知道特倫巴赫使用加害恐懼一詞之前，其實我也用過加害恐懼的說法。

總而言之，憂鬱親和型的人，出於害怕自己講的話會傷害對方，以及不想虧欠對方的心情，不論想要表達的內容是什麼，都沒辦法直說。

這種人總是用拐彎抹角的方式和別人講話。或者是話中有話，反正不會明說就是了。

此外，他們也心懷恐懼，擔心對方會被自己傷害而離開。事實上，即使話中另有所指，也傷害不了對方，就算對方因此受到傷害，幾乎也不會對彼此的關係造成致命的打擊。

直接向對方明說，還比較容易讓他明白自己的要求。

註

1 Erich, Fromm, *The Art of the Loving*, Harper & Row, Publishers, Inc, 1956,《愛這件事》懸田克躬譯，紀伊國屋書店，一九五九年

2 Brainstyles: Change Your Life Withont Change Who You Are, Miller & Marlane, 2012

3 Marlane Miller, *Brain Styles*, Simon & Schuster, Inc. 1997,《大腦型態》加藤諦三譯，講談社，一九九八年

4 Norman E. Rosenthal, M. D. *The Emotional Revolution*, CITADEL PRESS, Kensington Publishing Corp, 2002

5 Hubertsu Tellenbach, *Melancholie*, Springer-Verlag, 1961,《Melancholy》木村敏譯，みすず書房，一九七八年

CHAPTER 7

建立平穩的親密關係

面對自己與生俱來的命運

我常常接到讀者來信。內容大抵不脫自己小時候的成長艱辛，一路又如何努力走過來。因為如此，戀愛也總是無疾而終。最後請教我「我到底是做錯了什麼呢？」

總結而言，戀愛無法開花結果的人，就是無法接受「真實自己」的人。

所謂的接受自己，是指什麼樣呢？

著名的安徒生童話當中，有一篇名為《雛菊》（註1）的故事。

各位可以在日本已經出版的拙作《發現幸福的心理學》（自分の幸せに気づく心理学，暫譯）讀到這篇童話的概要。

我之所以再度提起這篇童話，主要原因是它與本書的主題關係密切，而且寫出雛菊的安徒生本人，正是體現了弗蘭克的態度價值的代表性人物，同時超越了自己。

本書已經一再提及，如果從小生長在缺乏愛的環境下，會變得如何不幸。

本書想要讓各位知道從未享受過母愛的安徒生，如何超越自我，寫出這樣的作品，所以儘管已經在《發現幸福的心理學》介紹過這篇作品，我還是要再次介紹。

這篇故事是由一個命中注定不幸，卻能夠超越自己的人，所描述的愛的本質。

安徒生在不幸的環境下出生，從小在不幸的環境下成長。不但父不詳，連母親的身分也不確定。

在他的生命中，扮演「父親」角色的是位於社會最底層的二十三歲的修鞋匠。據說修鞋匠和安徒生的母親結婚當初，連住的房子都沒有。

困厄的生活環境，使父親養成封閉的性格，而且與妻子也相處得並不融洽。換言之，安徒生只能接受命運的安排，從小生活在雙親不合的不幸環境。

父親後來罹患了精神疾病，發狂而死。

別人對安徒生祖母的評語是「說謊成性，已到了病態的程度」，職業是慈善醫院的清潔工。

關於安徒生的母親，雖然眾說紛紜，據說她比安徒生的父親年長十五歲。她從小生長在一貧如洗的環境，甚至曾經以乞討維生，據說是個毫無教養，近乎文盲的粗野女性。而且婚前已產下私生子。

她後來因酒精中毒被收容到慈善醫院，在安徒生二十八歲時去世。

安徒生是否為她和丈夫之間生下的孩子，至今未有定論。當他在羅馬旅行接獲母親的死訊時，他並沒有因此趕回故鄉，最後也沒有參加母親的葬禮。

從精神分析論的觀點而言，安徒生的行為一點也不讓人意外；即使他長大後誤入歧途也絲毫不足為奇；即使一輩子為憂鬱症所苦也理所當然；就算為了抗議世界的不公，而成為恐怖分子也情有可原。

雖然安徒生生長在缺乏關愛的環境下，卻能寫下《雛菊》這樣的作品，讓人省思愛的本質為何。

他克服了自己與生俱來的命運。

鄉間路旁矗立了一間別墅。庭院裡種著花。旁邊的堤防長著雛菊。

雛菊從未怨天尤人，它從沒想過根本不會有人把目光停留在隱身於草叢裡的自己，也沒想過自己只是外表不起眼的野花。

有一天，當它像平常一樣，抬頭仰望溫暖的太陽時，耳邊傳來響徹雲霄的雲雀歌聲。

有些人雖然表現出開朗的樣子，其實帶有很強的防衛心。有些人是為了贏得別人的喜愛而表現得開朗。但雛菊的開朗渾然天成，毫無做作之意。

雛菊的心理狀態處於自我充足的狀態。

也就是自己完全接納自己的狀態。雛菊不需要壓抑自我，也沒有出口抱怨。

它和那些壓抑自己，出口抱怨的人不一樣，雛菊很滿足於自己的現狀，所以不需要抱怨。

雛菊很滿足於當現在的自己。因為自己現在待在這裡，才聽得到雲雀的歌聲。自己現在能夠待在這裡，所以才得到幸福。並不是聽到雲雀的歌聲，才產生「我覺得是這樣」的念頭，想要讓自己變得幸福。

此時此刻的自己，能夠在這裡當一朵雛菊就是幸福。那麼，為了得到幸福，到底該怎麼做呢？

和雛菊隔著木頭柵欄，生長在別墅庭院裡的花朵們又是如何呢？

雛菊成就不了大事，既不健康，也沒有財富，更不可能成為人們欣賞的對象。可說是標準的「一事無成」。

但是，這「一事無成」的自己卻已讓自己感到滿足。一個人若想得到幸福，最重要的就是以何種態度面對「一事無成」的自己。

因為那樣的態度中，隱藏著「賦予一個人最後價值的可能性（註2）」。

人對與生俱來的命運採取何種態度，是人生價值能否實現的關鍵。這就是弗蘭克所稱的「態度價值」。

個性像雛菊的人，能夠賦予自己的人生最高的價值和意義。

在《發現幸福的心理學》書中的「無名戰士祈禱文」並非虛構，而是確實存在。這首由一位無名戰士寫的詩，刻在紐約大學醫學中心物理醫學與復健院的牆上。詩名是「苦難者的信經」（A cread for those who have suffered）。

「我曾求主賜我力量以至於成功；祂卻使我因著軟弱學會順服。」

「求主賜我健康來成就大事；祂卻讓我遭遇疾病來完成更好的事。」

「求主賜我財富而快樂；祂卻使我一貧如洗使我充滿睿智。」

「求主賜我權柄受人讚賞；祂卻使我軟弱學習尋求祂。」

「求主賜給我一切來享受生命；祂卻賜我生命來享受一切。」

「當我所求看似一無所獲，卻意外地得到一切所期盼的；當我輕看自己的需要時，那沒說出口的禱告竟全蒙應允；我是眾人之中，最富足且最蒙祝福的那位。」

本書如果要仿效無名戰士的風格，可以寫成如果要求與理想對象結婚和擁有高學歷，就會叮嚀你要全力以赴的工作和保持勤勉。如果要求得到理想的戀愛和英俊的外表，就把你變醜陋，要你做人誠實。

全心接納自己的人，無時無刻充滿活力

個性像安徒生所寫的《雛菊》，這樣的人才有辦法抱著「雖然祈求不能實現，但所求全都應允」的想法。

雛菊的想法是「我已經得到最大的祝福」。

當然，如果弗蘭克的解釋正確，雛菊已經「抬頭仰望溫暖的太陽，耳邊傳來響徹雲霄的雲雀歌聲」，所以體驗價值也得到實現了。

弗蘭克把價值分為創造價值、體驗價值和態度價值三種。

「創造的同時，也充足自我存在價值的『勞動者』和經過體驗與相遇，能夠愛自己，同時充實人生意義的愛人的人，以及『苦惱的人』（註3）」。

雛菊透過「抬頭仰望溫暖的太陽時，耳邊傳來響徹雲霄的雲雀歌聲」，達到「充實自我人生的意義」。

如果雛菊感到不滿，即使聽到雲雀的歌聲，也不會感到心情愉快。

如果雛菊缺乏自信，「抬頭仰望溫暖的太陽時」，應該會怨恨起自己的一生，成為「鬱鬱寡歡的人」。

雛菊也可能自怨自艾「怎麼都沒有人愛我」。但若這麼感嘆，雲雀就不會來了。

「過著錦衣玉食的生活，內心卻憂慮無比」這樣的人世上多到數不清。

和雛菊的生長環境不同，養在別墅庭院裡的花朵們又是如何呢。

「木製柵欄裡開著許多自視甚高、氣焰囂張的花朵。香氣愈弱的花，態度愈是高傲。芍藥為了讓自己的花開得比玫瑰大，將花瓣用力往兩旁伸。但是，花不是開得愈大就愈好。鬱金香的顏色最美。它自己對這點也心知肚明。為了吸引眾人的目光，它拼命抬頭挺胸。而開在柵欄外的小雛菊，大夥瞧都不瞧一眼」。

這就是沒有接納自己的狀態吧。這樣的人反而是弱者。

年輕時以為強出頭就是強者的表現。其實大錯特錯。強出頭是弱者的象徵。

像鬱金香和芍藥一樣拼命想要凸顯自己，這就是戀愛無法開花結果的人。

就像努力要對方喜歡上自己，結果卻反而被對方討厭。

上述的花朵們沒有發現自己向周圍的人做了什麼樣的要求。

就算沒有明說，光是表現出「怎麼都沒有人愛我」的氛圍就會被討厭。

雖然這些花都很有魅力，但是每一種都處於苦撐的狀態。不論是鬱金香、芍藥或玫瑰，每一種都很辛苦。

這些都是「為了達成目標，而向上帝祈求，希望被賦予力量」的花。

雖然這些花都很有魅力，但心理狀態都很緊繃。不論是鬱金香、芍藥或玫瑰，大家都過得很不輕鬆。它們必須挺直著背脊，所以活得很辛苦。

這些花對現況感到不滿足，希望得到眾人的注目。大家都是為了得到眾人的驚呼而努力綻放。因為自己感覺不到自己的價值，所以才希望周圍能認同自己的價值。

這種心態剛好和一個家財萬貫的人喜歡聽到別人驚呼「哇，好厲害」如出一轍。如此一來，已經很有錢的人會希望變得「有更多錢」。所以，每次聽到別人說「哇，好厲害」，也意味著他會變得愈來愈辛苦。

正因如此，這些花朵們每天都過得很辛苦。聽到別人讚美「哇，好厲害」的瞬間，雖然覺得很開心，其實造成的傷害更多，而且會不斷累積。

最後演變成如果沒聽到別人說「你好棒」，就失去生命的動力。

為了受到眾人注目而活是多麼辛苦的事，從這些花朵的身上已經看得很清楚了。

只要帶著希望受到別人關注的念頭，戀愛就不可能修成正果。永遠聽不到雲雀的歌聲。

不論是鬱金香還是芍藥或玫瑰，它們都屬於戀愛無法開花結果的一群。它們是一群「想要完成大事得到幸福、稱讚而向上帝祈求，希望被賦予力量、財富、成功」的花。

雲雀不會出現在這些花的周圍。換言之，這種個性的人不會受到理想異性的青睞。理想的情人會被雛菊吸引。

雖然全力以赴，但戀愛老是無疾而終的人，就是和鬱金香、芍藥和玫瑰一樣心態的人。

若把這些花比喻成人，就好比雖然獲得成功，卻陷入絕望的人。

真正的強者，不會表現出防衛性價值觀，也不會否認現實。

所謂的強者，就是能對自己誠實的人坦然承認自己做不到的事的人。這種人才能夠擁有開花結果的愛情。明明做不到，卻無法坦承自己做不到，喜歡虛張聲勢的人，無法擁有開花結果的戀愛。

所謂的防衛性價值觀，意指為了避免自己受傷而相信某件事具有價值的價值觀，而不是真心以為有價值。

當美麗的鳥兒們造訪鬱金香、芍藥、玫瑰時，雛菊也有感而發。它慶幸自己能夠就近欣賞到這些美麗的花。它看到自己沒有的優勢，不會因此心生不滿，而是感謝自己現有的一切。這樣的人才能擁有開花結果的愛情。

美麗的鳥兒們後來青睞的不是鮮豔的花朵，而是飛到雛菊身邊，為它獻唱。對耀眼的花朵而言，這絕對是難以置信的事。

為什麼雲雀會到雛菊那裏呢？應該是待在雛菊身邊會覺得很放鬆吧。雛菊如果自暴自棄的說「反正不可能看上我吧」，雲雀就不會來了。愛是求不來的。

只有在自己不再硬撐，活得像原本的自己時，愛才會悄悄到來。

當然安徒生並沒有這麼寫。這只是我的解讀罷了。

戀愛無疾而終的人，無法使人放鬆。不具備療癒對方的能力。反而只有報復的能力。人會被吸引到能夠讓自己放鬆的地方。只會向別人炫耀「看我這麼美」的人，不會有人願意與之為伍。即使沒有自覺，人總是會接近能夠滿足自己的人。

人和雲雀都一樣。拖著筋疲力竭的身軀想尋求療癒時，不會接近名人或有權有勢的人。

但是，想要變得幸福和追求財富的人卻弄錯這一點。他們以為只要自己得到了財富和權力，就會吸引別人接近。其實剛好相反。

為了讓人對自己另眼相看而追求成功的人，即使成功了，也會引起周圍的反感。出於「為了讓人對我另眼相看」的動機而努力獲得成功時，當事者等於邁入通往孤獨和不幸的道路。

最終的歸宿是心靈豐富充實的人。也就是滿足於現狀的雛菊。

擁有財富和權力的人，即使身邊聚集了人潮，但只要財富與權力不再，眾人也跟著鳥獸散，不會繼續跟隨。

每個人都有感到憤恨不平的時候。重點是如何處理內心的不平。根據不同的處理方式，有些人可以成為雛菊，有些人則成為鬱金香。

如何處理取決於內心的安定程度。

「小鳥圍繞著雛菊跳舞，一邊唱著歌。

溫柔的雛菊啊！

甜美的小花！
心靈有如黃金耀眼！
周身宛若銀光閃爍！

小鳥這麼一唱，結果雛菊的黃色花心，果真像黃金一樣閃著點點金光，旁邊的小花瓣則閃著銀光」。

這表示能夠坦然接受自己的人，渾身洋溢著活力。全力以赴，認真生活的人最美麗。若能打從心底感到幸福，會湧出力量，滲透到全身每個角落。這種力量和為了報復而湧出的力量完全不同。

小鳥也因為雛菊的存在，才首次感受到自己的心靈竟是如此充實與富足。

所以小鳥對雛菊充滿感謝之意。

心靈感到滿足，外表也會跟著改變

雛菊雖然沒有財富也沒有力量，更談不上成功，但卻是「所求全部應允」的象徵。

小鳥說「甜美的小花！」。小鳥捨棄大花，選擇了小花。

也因為如此，雛菊才稱得上是「受到最大祝福的存在」。

但是，把一切都看在眼裡的鬱金香卻覺得深受傷害，它把身軀挺得比以前更筆直了。芍藥也覺得受到傷害，把花瓣伸得用力了。

「鬱金香把身體挺得比以前更直，而且顏色變得鮮紅，一臉怒氣沖沖的樣子。芍藥的個性更頑固，但幸好它正在賭氣，完全不想說話。

倘若不是如此，雛菊一定會被它長篇大論的訓話吧。這朵弱不禁風的小花，因為破壞了大家的心情而感到心痛」。

每個人都希望得到別人的關注，但是很多人都和鬱金香和芍藥一樣，用錯誤的態度面對。

個性誠實的異性不會被這樣的人吸引。別說開花結果的愛情了，連戀愛都沒機會萌芽。

即使身材肥胖或生活窮困，心靈得到滿足的人，臉上的表情就是不一樣。大家都喜歡和這樣的人為伍。

「為了贏得世人讚賞而追求成功的人」即使獲得成功，也得不到夢寐以求的讚賞。所以覺得自己受傷了。

就像覺得大受打擊的鬱金香一樣，他們會變得更裝模作樣。接著追求更大的成功，不斷炫耀自己。

和戀人也變得漸行漸遠。

但說不定，雲雀也可能拜訪玫瑰。

如果玫瑰開始思考「為什麼雲雀不來拜訪我」，它就可能成為雲雀下次造訪的對象。

因為想要贏得對方的心，所以開始炫耀自己。

但是炫耀自己反而讓對方更討厭自己。戀愛無法開花結果，完全是自己的行為所造成。

當事者完全沒發覺自己在虛張聲勢，反而引起對方的反感。之所以需要虛張聲勢，是因為自己沒發現自己拒絕接受真實的對方。

所謂的虛張聲勢，就是無法接受真實的自己。自己都沒辦法接受自己了，當然也無法接納對方。

一旦虛張聲勢，就留不住好對象。

會虛張聲勢的人，內心抱著各種問題，例如自卑感、自戀、孤獨等。

如果帶著這些糾結於內心的問題與對方交往，戀愛當然不可能開花結果。

只有相信自己，能夠活出自我的人才能擁有開花結果的戀愛。

夜鶯的叫聲非常優美。天鵝的姿態雖美，但發不出優美的叫聲。

當隻天鵝很棒，但當隻夜鷹也同樣完美。

有些人明明是天鵝，卻因為自己當不成夜鶯而傷心難過；相反的，有些明明是天鵝，而且大家也期望他成為天鵝的人，卻努力想成為夜鶯。這些就是戀愛無法開花結果的人。另外，有些人明明是天鵝，卻希望別人把他當作夜鶯，所以總是為此與世界爭論。這些人也無法擁有開花結果的戀愛。

戀愛能夠開花結果的人，就是接受自己身為天鵝的事實，也稱職扮演好天鵝角色的人。或者，能坦然面對自己身為夜鶯的事實，也努力扮演好夜鶯角色的人。

相對的，戀愛無法開花結果的人，就是明明身為天鵝，卻想扮演夜鶯的人；或者明明身為夜鶯，卻想要扮演天鵝的人。

不論當事者實際上是天鵝還是夜鶯，和吸引人與否沒有關係。

沒有必要強迫自己成為超人

世界上不存在完美的人。但是為什麼有些人偏偏要以完美為目標，要求自己呢？可能的原因有好幾項，其中之一是對自己實際的狀態深深感到失望。

當事人的失望完全反映在自己身上。為什麼他會對現實的自己如此失望呢？理由應該來自當事者曾體驗嚴重的挫折感，也就是小時候達不到在自己重視的人對自己的期待。

其實，「自己」就是最重要的「別人」。這些人小時候把自己和自己重視的人認同化，藉由這個方式形成自我。換言之，他們藉由把自己和心目中重要的人認同化，讓後者的元素加入自己。

從這個角度而言，他們的自我還沒有完全形成。

一般的情況是認識了各式各樣的人，藉由把自己和他們認同化，以形成真實的自我，但他們卻永遠無法擺脫詛咒，來自小時候自己重視的人的詛咒。

真實的自己不會要求自己要成為全能的超人。做此要求的是小時候自己重視的人。

在備受關愛的環境下長大的人，不會想成為無所不會的超人。只有沒有真正獲得父母疼愛的人，才會出現想成為超人的念頭。

因此，如果希望自己的戀愛開花結果，最重要的是認真思考自我形成的問題。自己要思考的是自己想做什麼，而不是別人要求自己做什麼。找出自己想做的事比任何事重要。因為在追求的過程中，能夠建立真實的自我。

為了找出自己的興趣的必要條件是什麼呢？答案是不再逃避現實。

描繪「理想化後的自我意象」，並以此為目標，不斷追求的人，就像鬱金香和芍藥一樣，總是對自己不滿而感到焦慮。

處於這種心理狀態的人，注定與圓滿的愛情無緣。

這種人心目中的理想形象是不帶人味的「超人」。但是超人的戀愛不可能開花結果。

同時具備軟弱的人擁有理想的美感。談戀愛也會開花結果。

他們認為自己欠缺的部分，是為了與對方維持交往的關鍵。

換言之，他們誤以為對方要從自己身上找的是自己沒有的東西。如果換個說法，意即戀人追求的是自己欠缺的部分。

事實上，戀人絕對不會對另一半做這樣的要求。

雲雀要的是雛菊。

能夠理解這一點，就是戀愛能否開花結果的重點。

和親密的人之間的關係，並不是只有優點才值得珍惜。但懷有濃濃自卑感的人無法理解這一點。

我們之所以會喜歡上某個人，原因並不是對方擁有舉世公認的優點。

光靠外貌不足以吸引人。有些人即使滿身瘡痍，但靠著背影還是能夠引起注目。

總而言之，光有優點不足以吸引人。相反的，即使是缺點，也有吸引人之處。

低自尊的人，無法想像「親和力強」「受人喜愛」是什麼感覺。

與其為了受到尊敬、被接納、受人喜愛等得到世人眼中的成功，坦然接受對方的好意毋寧更為重要。

低自尊的人，為了受到尊敬、被接納、受人喜愛而自吹自擂，結果卻帶來反效果。

為了得到喜愛而努力，這番努力的結果卻是被人討厭，並受到孤立。這也是戀愛總是無法開花結果的人的特徵之一。

即使得到世人眼中的成功，有些人就是無法克制炫耀的慾望，想要讓大家都知道「我就是這麼了不起」，但無法坦然接受別人的好意。

這樣的人得不到任何好感，也不會有人主動靠近。

走得近、喜歡上一個人，取決於對方的心理能力。具備心理能力的人，會對別人產生親近感。喜歡上一個人，是一種自發性的行為。

能夠愛別人的人，愛的是對方整個人，包含他的缺點在內。這就是「愛人的能力」。

不論如何努力，沒有人可以從沒有缺乏愛人能力的人身上得到愛。

擔心被拋棄的人只因為和對方吵架，就害怕雙方的關係因此崩潰，所以他們會盡量避免和對方起爭執。和對方吵架，對他們來說就是天崩地裂的大事。

因此，不論和誰交往，他們和情人的關係永遠是有話想說，卻又說不出口。於是，憤怒便在心中逐漸累積。

但是，擔心被拋棄的人覺得會引發「爭執」的事，不一定讓對方也會有同樣的感覺。同一件體驗，有的人的感覺是「最後以吵架收場」，也有人覺得對方只是在表達自己的意見。

假設我向擔心會被情人拋棄的人請教「請問你和情人吵過幾次架？」同時，我也向心理呈現安定狀態的另一方詢問同樣的問題。

雙方體驗的雖然是同一件事，但彼此的認知應該不一樣。我想雙方對彼此吵架次數的認知，應該有不小的落差。

擔心會被情人拋棄的人，無法理解對方即使和自己意見不同，也不會影響對自己的喜愛。也無法理解對方即使指責自己的缺點，也不會改變對自己的愛。

因為欠缺這樣的認知，所以戀愛無法開花結果的人，只要對方稍微提到自己的缺點就覺得大受打擊。只要雙方稍微起了口角，就感覺是關係徹底破裂的嚴重爭執。另外，當對方出現和自己不同的意見或指出自己的缺點時，這種人也會一直耿耿於懷。

例如自戀等缺點被對方點破時，這種人就會覺得自己身為人的價值已遭到否定。殊不知，對方是在充分認同自己的價值的前提下，而指出缺點。

談一場彼此能夠安心的戀愛

有些人對自我要求很高，不論什麼事都希望自己表現得最好。或者是要求自己永遠要以完美的樣子示人。

戀愛無法開花結果的女性，以為只要自己做到最好就會得到眾人的喜愛，所以很害怕做不到「我表現最好」。因為她以為只要做不到這點，就會失去大家對自己的好感。

以為自己只要保持完美就能受到喜愛，是這類女性最大的悲劇。

即使自己條件平平，既沒有出色的外表，也沒有財富，但如果還是有人說他喜歡你，就可以安心投入這段感情。

但是，因為出色的外貌和多金而被愛的人就不同了，他們非常不安。因為一旦這些優勢不再，愛也就跟著消逝了。

如果男性因為前景看好而備受女性青睞，恐懼會一直跟著他。因為他無法得到安全感。一旦燦爛的未來不再，愛情也不復存在。

如果不能一直保有優勢，就會被女方拋棄。

有些人即使有了交往對象還是擔心對方不夠優秀。因為他們覺得如果對方不夠優秀，大家就不會對自己另眼相看。

和這種男性或女性結了婚，不難想見遲早會得到憂鬱症。因為他們的另一半等於被迫必須要永遠維持完美。

有個案例是一對彼此都離過婚的情侶。原本兩人有打算攜手開創幸福的未來，最後卻因為一點小事而無緣走進禮堂。

導火線是雙方討論彼此對孩子的教育方針。

女方在無心的情況下脫口說出「你好狡猾喔」這句話。沒想到男性卻一直耿耿於懷。說者和聽者對這句話的認真程度相差過大。

也就是標準的說者無心，聽者有意。

女方的想法是就算男方有狡猾的一面，也不影響她對他的喜愛。但是男方對這句話的唯一解釋是「她討厭我」。

他把這句話視為女方要和他分手的暗示。如何解讀對方的話，的確是個大問題。聽者如何解釋聽到的話，有時比聽懂外語還難。

自己抱著這樣的意思說了這句話，但聽在對方耳中，並不一定是同樣的意思。

舉例而言，每個人對感覺受到屈辱的標準都不一樣。所以，即使講的話明明毫無羞辱對方之意，對方卻可能覺得受到侮辱。

註

1 有關《雛菊》，本書參照『安徒生童話選上』大畑末吉譯，岩波書店，一九五三年。

2　『弗蘭克著作集5　精神官能症』霜山德爾譯，みすず書房，一九六一年
3　『弗蘭克著作集6　精神醫學的形象』宮本忠雄，小田晉譯，みすず書房，一九六一年

後記

某位女大生談了一段四年的戀愛。不過這段戀愛是單戀。她以為雙方的關係已超過一般朋友，但男方只把她當作朋友。

後來男方告訴她「我有了喜歡的人」，讓她備受打擊。她不禁苦嘆「原來都是我一個人在一廂情願。」

後來她向暗戀的對象告白。沒想到對方在分開之際向她說了一句「我是不是玩弄了你的感情？」

因為這句話，她覺得「除了這四年來共渡的美好回憶，我覺得彷彿連自己的心也徹底被踐踏。」

但是從第三者的角度來看，雖然這位男性的講法有點不倫不類，而且很幼稚，卻很誠實。

個性狡詐的男性，會在臨別之際說謊，欺騙女性。

他們絕對不會脫口說出「我是不是玩弄你的感情了？」這種犯了女性大忌的話。

狡猾的男性會說「我喜歡你」，但是又會編些歪理和你分手。

這位女大生喜歡的男性個性純真，兩人相處了四年，卻不曾發生超友誼的行為，也頗受女性歡迎。

雖然這位女大生還不至於覺得「我竟然和這麼誠實的男性交往了四年」，但等到她以後認識了其他不誠實的男性，應該會對自己年少時期的戀愛回憶改觀，覺得這是一段值得珍藏的回憶吧。

現在是男女雙方各懷鬼胎，即使交往也互相欺騙的時代。我相信她總有一天，會發覺這段戀愛的美好。

等到她能夠這麼想，表示這段戀愛已開花結果了。

「連躺進墳墓也跟著一起帶走的所有煩心事當中，最讓人放不下的，就是有關愛情的煩惱吧（註1）」。

本書討論了各種愛的煩惱。

在本書一再提及的情感依賴，反映出雙方抱持的心理問題。

在一段戀愛關係中，彼此都想向對方隱藏自己的某一面。例如自卑感、空虛感或疏離感等等。

想要靠自己消除自卑感、空虛感或疏離感並不是簡單的事。

但是對方卻具備簡單消除這些負面情緒的力量。於是，情感依賴的人就此陷入愛河。然後緊抓住對方不放。兩個沒有正能量的人彼此緊抓住對方不放。

分手就吃虧了，所以絕不分手。會覺得寂寞，所以離不開對方。

對方有能力埋葬自己的痛苦。但是，對方埋葬的其實是幻想。

等到發現這一點，人生已經走到盡頭。

無可奈何之下，唯一的出口是責怪身邊的人。藉由苛責別人以癒合心的傷口。但是愈是苛責別人，生命的能量也跟著流失。有活力的人不會苛責別人。

佛洛姆對愛的見解是，滿懷著希望與期待展開一段戀愛，未必會失敗。如果失敗了，一般人一定會檢討失敗的理由（註2）。

不論男女都會因各種理由受到傷害。本書從正面思索為什麼會受到傷害。除了檢視隱藏在多數失戀背後的心理，也思索著如何讓自己的人生變得更加充實與幸福。

和往常一樣，本書的問世也同樣承蒙大久保龍也先生的大力協助。

註

1 David Seabury, *How to Worry Successfully*, Blue Ribbon Books, 1936,《消除內心的煩惱》加藤諦三，三笠書房，一九八三年，p. 14

2 Erich, Fromm, *The Art of the Loving*, Harper & Row, Publishers, Inc, 1956, p. 4

Note

國家圖書館出版品預行編目（CIP）資料

自尊與依戀的愛情心理學：為什麼我們總是愛上
不該愛的人／加藤諦三著；藍嘉楹譯.
-- 初版. -- 新北市：世潮，2019.08
面；　公分. --（暢銷精選；76）
譯自：なぜか恋愛がうまくいかない人の心理学
ISBN 978-986-259-062-1（平裝）

1. 戀愛　2. 戀愛心理學

544.37014　　108009152

暢銷精選 76

自尊與依戀的愛情心理學：為什麼我們總是愛上不該愛的人

作　　者／加藤諦三
譯　　者／藍嘉楹
主　　編／陳文君
責任編輯／曾沛琳
封面設計／李　芸
出 版 者／世潮出版有限公司
地　　址／（231）新北市新店區民生路 19 號 5 樓
電　　話／（02）2218-3277
傳　　真／（02）2218-3239（訂書專線）·（02）2218-7539
劃撥帳號／ 17528093
戶　　名／世潮出版有限公司
世茂網站／ www.coolbooks.com.tw
排版製版／辰皓國際出版製作有限公司
印　　刷／祥新印刷股份有限公司
初版一刷／ 2019 年 8 月
I S B N ／ 978-986-259-062-1
定　　價／ 320 元